신약성경 헬라어 교본

장흥길 지음

장로회신학대학교출판부

신약성경 헬라어 교본

New Testament Greek for Beginners

초판 1 쇄 / 2005 년 5 월 25 일
초판 2 쇄 / 2012 년 2 월 25 일

지은이 / 장흥길
펴낸이 / 장영일
펴낸곳 / 장로회신학대학교 출판부
등록 / 제 4-33 호
주소 / 143-756 서울시 광진구 광장로 5 길 25-1(광장동)
전화 / 02-450-0795 팩스 / 02-447-5067
E-mail / ptpress@pcts.ac.kr
ISBN 978-89-7369-166-1 93230
값 17,000 원

이 책을

부족한 사람을 낳아주시고

지금까지

기도해 주신

사랑하는 어머니

김순애 권사님께

드립니다.

머 리 말

저자가 『신약성경 헬라어 교본』을 출판하게 된 동기는 신학교에서 학생들을 가르칠 때 어려움이 있었기 때문이다. 십수 년을 신학교 교단에서 헬라어를 가르치면서 마땅한 헬라어 교재를 발견하기가 쉽지 않았다. 거기에는 몇 가지 이유가 있다.

첫째로, 우리의 신학교 형편이 서구 신학교처럼 헬라어를 익히는데 할당된 시간이 턱없이 부족하기에 거기에 맞는 교재를 별도로 만들지 않는 한 그런 교재를 만나기 어렵다. 주어진 짧은 시간에 신약원전을 읽을 수 있게 기초 문법을 효과적으로 익히게 하는 적절한 교재가 필요하였다. 둘째로, 기존의 헬라어 교재들은 강의실에서 학생들에게 효과적으로 전할 수 있는 실용성에서 저자가 요구하는 정도에 미치지 못하였다. 셋째로, 손쉽게 구할 수 있는 헬라어 문법 교재가 신약원전을 강독하기에는 부족한 점이 많이 있다. 그 외에 다른 이유도 들 수 있겠으나 언급한 이유만으로도 저자가 『신약성경 헬라어 교본』을 제작해야 하겠다는 동기로는 충분할 것이다. 이런 실용적인 이유에서 저자는 헬라어에 대한 자세한 문법을 설명하는 헬라어 문법서 교재를 저술하는 대신 헬라어 신약원전을 읽을 수 있도록 헬라어를 익히는 초보자를 위한 헬라어 교본을 출판하게 되었다.

이제 세상에 내놓게 되는 본 교본의 재료는 저자가 17년 전 장로회신학대학교에서 신학대학원생들에게 헬라어를 가르칠 때 처음에는 신학교 강의실에서 낱장으로 해서 유인물로 학생들에게 배부하던 것을 책으로 묶은 것이었다. 이를 2000년에 제법 교본 모양을 갖추어 복본을 만들어 학생들에게 배부하여 헬라어 교본으로 사용하다가, 그로부터 5년이 지난 이제야 출판을 하게 되었다.

본 교본의 출판을 위해 수고한 여러 분들이 있다. 저자가 손으로 쓴 헬라어 교재 낱장을 일일이 컴퓨터 작업을 하여 파일로 만들고 부록에 붙인 헬라어 변화표 개관을 작성한 모정문 전도사, 연습문제의 예제를 만들고 독해 연습문제를 위해 신약성경에서 예문을 찾는데 도움을 준 장로회신학대학교 대학원 신약학 전공 박사과정생 윤석이 목사, 파일 정리에 도움을 준 장로회신학대학교 대학부 신학과 졸업반 박준수 군, 무엇보다도 마지막까지 교정과 마무리 작업을 깔끔하게 해 준 장로회신학대학교 신학대학원 졸업생 라병원 전도사님께 진심으로 감사드리고 싶다. 이 분들의 도움이 없었다면 본 교본은 아직도 세상에 나올 수 없었을 것이다.

아무튼, 본 헬라어 교본이 신학교에서 헬라어를 공부하는 모든 신학생들뿐 아니라 헬라어 신약성경을 읽기 위해 신약성경 헬라어를 익히려 하는 모든 학습자에게 유익한 실용적인 교본이 되기를 간절히 바란다. 본서는 저자가 만든 열 번째 책으로 지금까지 저자를 낳아주시고 길러주시고 기도해 주신 사랑하는 어머니께 드리고 싶다. 마지막으로, 본 교본이 신약원전을 읽기 위한 준비를 하는 학습서로서 한국의 신학교와 교회에 기여하고 이로써 하나님께 영광이 되기를 간절히 바랄 뿐이다.

2005년 5월 15일
광나루 선지동산 연구실에서
지은이 장흥길

재쇄 머리말

본 『신약성경 헬라어 교본』이 출판된 지 6 년 반이 지났다. 그동안 이 교본을 사용해주신 독자들에게 깊이 감사드린다. 본 교본의 절판으로 초판 1 쇄의 인쇄 과정에서 잘못 표기된 오류를 수정하여 다시 인쇄하게 됨을 기쁘게 생각하며, 모든 영광을 하나님께 돌린다.

2012년 2월
광나루 선지동산 연구실에서
교정한 이 장흥길

일 러 두 기

1. 본 교본은 신약성경의 헬라어 문법을 가능하면 요약적으로 기술하고 단어 변화를 도표로 나타내거나 도식화하여 초보자가 헬라어를 습득하기에 편리하도록 하였다. 특히, 복잡한 분사의 변화를 유형별로 일목요연하게 정리하여 도표로 나타내었다. 이런 분사개관은 헬라어 문법서로는 저자가 처음으로 제시한 것이다.

2. 본 교본은 언어를 이루는 세 가지 요소인 음운론(音韻論), 형태론(形態論), 구문론(構文論)을 따라 구성하였기 때문에 학습자가 초보자라 하더라도 본 교본을 처음부터 끝까지 익히면 신약성경 헬라어를 체계적으로 습득할 수 있다.

3. 본 교본은 명사, 대명사, 관사, 형용사의 격 변화를 제시할 때 변화표에서 주격(1격), 속격(2격), 여격(3격), 대격(4격)의 순서로 전개하지 않고, 학습자가 암기하기 좋게 운율을 고려하여 주격(1격), 대격(4격), 속격(2격), 여격(3격)의 순서로 변화표를 작성하였다. 헬라어를 처음 배우는 초보자가 아니라 이미 익혔던 사람은 자신이 이미 외운 도표와 달라 처음에는 혼란스러울 수 있다. 그러나 변화표를 암기하는 이유가 단어 변화의 순서를 외우는 데 있는 것이 아니라 본문 속에서 그 단어가 어떤 격으로 사용되었는가를 아는 데 있다면, 큰 문제가 되지 않을 것이다.

4. 본 교본은 헬라어 신약성경을 읽기 위한 기초 문법을 익히는 것을 목표로 삼고 있기 때문에 연습문제의 독해 부분을 가능하면 헬라어 신약원전에서 인용하였다. 이는 기존의 헬라어 기초 문법서의 대부분이 기초 문법을 해설한 후 익힘 문제에서 신약성경이 아닌 문장을 예문으로 제시하는데 비해 신약원전을 친숙하게 읽게 하는 장점이 있다.

5. 본 교본은 기초 문법 해설 후 그 적용의 실례를 산상설교(마 5-7장)의 본문에서 찾아 제시하였다. 이로써 학습자가 본 교본을 익힌 후 산상설교의 본문을 자연스럽게 읽을 수 있도록 배려하였다.

6. 본 교본은 부록에 신약성경 헬라어를 익히는 초보 학습자에게 도움을 줄 수 있는 일련의 자료를 제시하였다. 세부적으로는, 부록 1은 신약성경 헬라어를 자세하게 학습할 수 있는 참고문헌의 목록을, 부록 2는 주기도문(마 6:9-13) 독해 자료를, 부록 3은 신학교에서 치루는 헬라어 시험에 대비한 헬라어 시험 문제를, 부록 4는 각종 변화표 개관을 제시하여 본 교본을 사용하는 학습자와 신학생들이 암기하고 변화 형태를 손쉽게 찾을 수 있도록 실질적인 도움을 주고자 하였다.

차 례

부 록

특 주

연습문제

1. 음 운 론

A. 알파벳(Alphabet, 24 자모)

대문자	이름	번호	소문자
Α	alpha	1	α
Β	beta	2	β
Γ	gamma	3	γ
Δ	delta	4	δ
Ε	epsilon	5	ϵ ε
Ζ	zeta	7	ζ
Η	eta	8	η

Θ	theta	9	θ
Ι	iota	10	ι
Κ	kappa	20	κ
Λ	la(m)bda	30	λ
Μ	my	40	μ
Ν	ny	50	ν
Ξ	xi	60	ξ

Ο	omikron	70	ο
Π	pi	80	π
Ρ	rho	100	ρ
Σ	sigma	200	σ
	미형 κόσμος		ς
Τ	tau	300	τ
Υ	ypsilon	400	υ

Φ phi 500 ϕ φ

Χ chi 600 χ

Ψ psi 700 ψ

Ω omega 800 ω

α β γ δ ϵ ζ η θ ι κ

λ μ ν ξ ο π ρ σ (ς) τ

υ ϕ χ ψ ω

참조. Ϝ(digamma, 半모음, w̲ater [u], 6); ϙ (koppa, 90); ϡ (sampi, 900): 고대 헬라어에서 사용.

특주: 게마트리아(Gematria)

히브리어 자모나 헬라어 자모는 그 글자 고유의 수치를 가지고 있다. 이 수치의 도움으로 단어를 해석하는 것을 게마트리아라고 부른다.

예 요한계시록 13장 18절 χξς´ [𝔓47, 051 사본]

ἑξακόσιαι	ἑξήκοντα	ἕξ	[א]
600	60	6	
ἑξακόσιαι	δέκα	ἕξ	〔C〕
600	10	6	
ἑξακόσια	ἑξήκοντα	πέντε	〔2344〕
600	60	5	

- Neron Quesar(네로 황제)라는 단어의 합이 666이다(n= 50; r= 200; o= 6; n= 50; k= 100; s= 60; r= 200).
- 에브라임(C) 사본에서는 666 대신 616으로 기록되어 있다.
- 라틴어식으로 발음하면, Neron 대신 Nero이다. 그래서 n이 없는, 즉, 50이 부족한 616이다.
- 히브리 문자로 기록된 그리스 단어 theron(동물) 역시 그 숫자의 합이 666이다.

666에 대한 세 가지 해석

1. 산술적 해석

666은 기본 수치 8을 가진, 소위 삼각수이다. 즉, 1부터 8까지 합하면 36이며, 1부터 36까지 합하면 666이다. 고대의 수 개념에 의하면 모든 삼각수에 동일한 의미가 있으며 첫 번째 수열의 마지막 수, 이 경우 8에서 그러하다.

요한계시록 17장 11절의 짐승(있었으나 지금은 없음)은 여덟 번째이다. 이러한 해석은 13장 18절의 '사람의 수'에 대한 언급으로 미루어 볼 때 옳지 못하다.

2. 게마트리아로 해석

3. 상징적이며 신학적인 해석

이레니우스의 글에서 나타난다. 6 개의 100, 6 개의 10, 6 개의 1 로 구성된 666 은 태초 이래 하나님으로부터 전적으로 벗어남에 대한 상징적인 요약 표현이다. 이때 6 은 신적 완전수인 7 에 못 미치는 불완전을 의미하는 수이다.

B. 자 음(17 개)

1. 단일 자음(14 개)

<table>
<tr><th colspan="2">구 분</th><th>입술소리(순음)
P – 음</th><th>잇소리(치음)
T – 음</th><th>목소리(후음)
K – 음</th></tr>
<tr><td rowspan="3">폐쇄음
(無聲音)
Mutae</td><td>무성파열음
(無聲破裂音)
Tenues</td><td>π</td><td>τ</td><td>κ</td></tr>
<tr><td>유성파열음
(有聲破裂音)
Mediae</td><td>β</td><td>δ</td><td>γ</td></tr>
<tr><td>체기음
(滯氣音)
Aspiratae</td><td>φ (= ph)</td><td>θ (= th)</td><td>χ (= ch)</td></tr>
<tr><td rowspan="3">울리는
지속음
(有聲音)</td><td>유음
(流音)
Liquidae</td><td colspan="3">λ[*1], ρ</td></tr>
<tr><td>비음
(鼻音)
Nasales</td><td>μ</td><td>ν</td><td>κ, γ, χ, ξ
목소리 앞의
γ[*2] (= ng)</td></tr>
<tr><td>마찰음
(치찰음, 齒擦音)
Spirans</td><td></td><td>σ</td><td></td></tr>
</table>

*1 '유음(流音)'이란 명칭은 본래의 유음(λ, ρ) 외에 비음인 μ와 ν를 합쳐 넓은 의미로 사용되기도 한다.

*2 ἄγγελος(천사), Σφίγξ(스핑크스), ἄγκυρα (닻)

2. 두 자음가를 가진 복합 자음(3 개) : 마찰음 σ와 함께

ξ	κ + σ
ψ	π + σ
ζ	d + s (독일어)

ἐξουσία(권세), ψυχή(영혼), ζωή(생명)

C. 모 음(7 개)

1. 단모음(單母音)

구 분	단(短)모음 (짧은 홀소리)	장(長)모음 (긴 홀소리)
열린 홀소리 (開母音) open vowel	ᾰ	ᾱ
	ϵ	η
	ο	ω
닫힌 홀소리 (閉母音) close vowel	ῐ	ῑ
	ῠ	ῡ

2. 중(重)모음(겹홀소리, diphthong)

a. 한 음절 안에 겹친 두 홀소리의 결합

b. 겹홀소리에서 둘째 홀소리는 닫힌 홀소리(ι나 υ)이다.

c. 겹홀소리는 길다.
   단, 어형 변화 어미의 – αι나 – οι일 때 짧다.

d. 구성: 열린 홀소리 + 닫힌 홀소리 (또는 드물게, 닫힌 홀소리끼리)

① 짧은, 열린 홀소리 + ι, υ

ⓐ αι, ϵι, οι

ⓑ αυ, ϵυ[*1], ου[*2]

α	ι	αι	[ai]	aisle	δίκαιος
	υ	αυ	[au]	cow	αὐτός
ϵ	ι	ϵι	[ei]	fate	ϵἰρήνη
	υ	ϵυ	[ju:][*1]	feud	ϵὐαγγέλιον
ο	ι	οι	[oi]	oil	οἶκος
	υ	ου	[u:][*2]	food	οὐρανός

② 닫힌 홀소리끼리

υ + ι → [wi:] queen, υἱός

③ 긴 홀소리 중모음

열린 홀소리(긴)	닫힌 홀소리	중모음	ι-하기(下記)	ι-병기(竝記)
α	ι	αι	ᾳ	Αι
	υ	αυ		
η	ι	ηι	ῃ	Ηι
	υ	ηυ		
ω	ι	ωι	ῳ	Ωι
	υ	ωυ*		
		*(드물게 사용)	'iota subscript' ι 발음은 사라짐	'iota adscript'

D. 숨표(spiritus)와 강세(accent)

1. 모음으로 시작되는 모든 단어는 숨표를 갖는다.

a. 거친 숨표(spiritus asper: rough breathing) : [῾], [h] 발음

ἱστορία,	Ἑλλάς,	ἥρως,	Αἵμων
소문자일 경우 '위'에	대문자일 경우 '옆'에	강세와 함께 찍힌 경우 숨표 옆에 강세	중모음일 경우 두번째 홀소리에

b. 연한숨표(spiritus lenis: smooth breathing) : [᾿], 발음되지 않음

ἀγρός,	ἐλέφας,	Ἔρως,	Αἴγινα
농부	코끼리	에로스 사랑	아이기나

2. ρ로 시작되는 모든 단어는 거친숨표(῾)를 갖는다.

ῥήτωρ,	ῥυθμός,	Ῥόδος
Rhetor	Rhythmus	Rhodos

3. 강세(accent)

a. 애큐트(acute, ´): λέγε, Ἀθήνη, ἄγω, ὀρθός, πούς, πόλεμος

b. 서컴플렉스(circumflex, ˆ):

λῆγε, Ἀθῆναι, Ἆγις, ὀρθῶς, ποῦ, πῶλος

c. 그레이브(grave, `): ὀρθὸς καὶ καλὸς ἦν ὁ λόγος.

4. 숨표와 강세의 위치

a. 소문자 모음일 경우 그 모음의 '위'에 놓인다.

ἡ σῦς, ὁ ἀνήρ, τὸ δῶρον, θάλλατα

b. 대문자 모음일 경우 그 모음의 '앞'에 놓인다.

Ἑλλάς, Ὀρέστης, Ἀθῆναι

c. 중모음일 경우 두번째 모음의 '위'에 놓인다.

νοῦς, Αὖλις, Αἶγαι, εὐποίητος, υἱός

d. 숨표와 강세가 같은 모음에 찍힐 때 숨표는 애큐트나 그레이브 '앞'에, 서컴플렉스 '아래'에 놓인다.

ἥλιος, Ἥλιος ; ἄρκτος, Ἄρκτος ;
ἂν, ὧραι, Ὧραι, Ἆγις, εὕρημα

e. 대문자로 쓰여진 긴 홀소리 중모음의 경우 숨표와 강세는 첫 모음의 '앞'에 놓인다.

Ὠιδειον, Ἅιδης
참조. ᾠδή, ᾅδω

E. 다른 문장부호와 구두점

1. 가름표(trema 또는 diaeresis): ¨

a. 나란히 있는 두 모음의 두 번째 모음에 가름표가 있으면 중모음으로 읽지 않고 분리해서 따로 읽어야 한다.

Ἀτρεΐδης, βοΐ, πραΰνω

b. 따라서 음절 수가 달라진다.

προίμος : προί – μος (2 음절)
πρόϊμος : πρό – ι – μος (3 음절)

2. 생략부호(Apostroph) : ’

모음축약(elision)할 경우 생략부호를 붙인다.

a. 모음으로 시작하는 단어 앞 단어의 짧은 마지막 모음(α, ε, ι, ο)은 생략된다.

ἀλλὰ ἐγώ ⟶ ἀλλ’ ἐγώ
λέγει δὲ ὁ πατήρ ⟶ λέγει δ’ ὁ πατήρ
ἐπὶ αὐτῷ ⟶ ἐπ’ αὐτῷ

* 거친 숨표 앞에서 자음은 체기음으로 바뀐다.

ἐπὶ αὑτῷ ⟶ ἐφ’ αὑτῷ
μετὰ ἡμῶν ⟶ μεθ’ ἡμῶν
νύκτα ὅλην ⟶ νύχθ’ ὅλην

b. 생략시 강세

① 마지막 모음에 강세가 있는 전치사나 접속사일 경우 강세는 사라진다.

ἀπὸ ἐμοῦ ⟶ ἀπ’ ἐμοῦ
ἀλλὰ ἐγώ ⟶ ἀλλ’ ἐγώ

② 전치사나 접속사 외 마지막 모음에 강세가 있는 단어의 경우 바로 앞음절 위에 애큐트(′) 강세가 놓인다.

οὐκ ἀγαθὰ ἦν ⟶ οὐκ ἀγάθ’ ἦν
φημὶ ἐγώ ⟶ φήμ’ ἐγώ

③ 마지막 모음에 강세가 없는 모든 단어의 경우 강세는 변함이 없다.

οὔτε σοὶ οὔτ’ ἐμοὶ ταῦτ’ ἔλεγον.

3. 축약 (coronis) : ’

축약기호는 연한 숨표처럼 보이나 발음에는 무관하다.

a. 모음으로 끝나는 낱말과 모음 또는 중모음으로 시작되는 낱말이 만날 때 축약된다.

καὶ ἐκεῖ ⟶ κἀκεῖ (마 28:10)
τὰ αὐτά ⟶ ταὐτά
τὸ ὄνομα ⟶ τοὔνομα
ὦ ἀγαθέ ⟶ ὠγαθέ
ἃ ἐγώ ⟶ ἁγώ
πρὸ ἔργου ⟶ προὔργου
ἐγὼ οἶμαι ⟶ ἐγῷμαι

b. 낱말 내 중간 철자가 축약되는 경우이다.

ὁ ἀνήρ ⟶ ἁνήρ
οἱ ἄνδρες ⟶ ἅνδρες

* καί의 경우: ι가 사라진다.

καὶ ἀγαθός ⟶ κἀγαθός
καὶ ἐν ⟶ κἀν
καὶ ἔν ⟶ κἄν

c. 첫 번째 낱말의 강세는 보통 사라진다.

καὶ ἐγώ ⟶ κἀγώ

그러나 때로는 강세가 바뀌기도 한다.

d. 축약은 대개 관사, 재귀대명사, καί나 πρό에서 일어나며, 일상의 구어나 시어에서 많이 나타난다. 또 기식음(氣息音)의 경우에 첫 단어 앞 철자에 영향을 준다.

τὸ ἱμάτιον ⟶ θοἰμάτιον
καὶ οἱ ⟶ χοἰ

4. 구두점

a. 마침표: .

b. 쉼 표: ,

c. 콜론: · 영어의 쌍점(:)이나 쌍반점(;)

d. 물음표: ; (?)에 해당한다.

Ἐπῆλθε καὶ Ξενοφῶν ,
ὁ τοῦ Προξένου φίλος ·
ἐκάλεσε γάρ τις αὐτὸν τῶν ὑπηρετῶν ·
Ἤρετο δ᾽ εὐθύς · Ποῦ εἰσιν οἱ ἵπποι ;

프록세노스의 친구(인), 크세노폰도 다가왔다;
왜냐하면 시종자 중 한 사람이 그를 불렀기 때문이다.
그러자 그는 즉시 묻기를: "어디에 말들이 있느냐?"

F. 음절과 음절 나누기

1. 말할 때

a. 자음은 모음이나 중모음과 한 음절을 이룬다.

δε-χό-με-θα, παι-δεύ-σω-μεν, ἔ-λε-ος

b. 자음 그룹일 때

τύπ-τω, νύκ-τες, ἔσ-τρο-φα, τέμ-νεσ-θε
Νάξος(읽을 때) Νάκ-σος, δίψα(읽을 때) δίπ-σα,
νομίζω(읽을 때) νο-μίδ-σω(비슷하게)

c. '유음(λ, ρ와 μ, ν)과 같이 쓰는 폐쇄음'(muta cum liquida)일 경우 고대에는(Homer) 분리하여 말하였으나, 붙여 한 단위처럼 여긴다.

ὅ-πλα, πα-τρός, τέ-κνον

2. 쓸 때

a. 단일 자음뿐 아니라 복합 발음 자음에서도 다음 모음과 한 음절을 이룬다.

Νά-ξος, δί-ψα, νο-μί-ζω

b. 어떤 단어가 그 자음그룹으로 시작될 때 다음 모음과 한 음절을 이룬다.

τύ-πτω, νυ-κτες, τέ-μνε-σθε

그렇지 않은 경우 자음은 나누어진다.

ἅρ-μα, δελ-φίς, Βάκ-χος,
ἀν-δρός, Πύρ-ρος, ἀγ-γέλ-λειν

c. 합성어(komposita)일 경우 그 성분에 따라 나눈다.

εἰσ-βάλ-λειν, συν-έρ-χεσ-θαι,
πάρ-ο-δος, ἀν-αί-τι-ος, ὥσ-περ

G. 음절의 길이

1. 라틴어와 비슷하게 다음의 구분을 따른다.

a. 어떤 음절이 짧은 모음을 가지고 열려 있으면, 그 음절은 짧다.

φε-ρό-με-να, λί-πε-τε, πα-τρί

b. 어떤 음절이 긴 모음이나 중모음을 가지고 있을 때 그 음절은 길다.

κώ-μη, τι-μάν, πράτ-τω, οἴ-κους

c. 짧은 모음을 가진 음절이 닫혀 있을 때, 즉 (짧은) 모음을 여러 자음이나 복합 발음 자음이 뒤따르면, 짧은 모음을 가진 그 음절은 합의를 통해서 길어진다.

πολ-λοί, Δέλ-τα, νύκ-τες,
ἀν-δρός, Νάξος(읽을 때 Νάκ-σος),
δίψα(읽을 때 δίπ-σα), νο-μίζω(읽을 때, 대략 νο-μίδ-σω)

2. **음절의 길이는 음운론에서뿐 아니라 형태론에서도 의미가 있으며, 무엇보다도 운문(韻文)을 만들 때 중요하다.**

어떤 운문에서는 짧은 모음을 가진 닫힌 마지막 음절이라는 특징이 나타난다.

ἀν-δρός, πό-λιν

말하자면, 이 마지막 음절의 길이는 뒤따르는 다음 단어의 초성에 달려 있다. 뒤따르는 단어가 모음으로 시작하면 선행하고 단어의 종결자음(-ς, -ν, -ρ)은 마치 한 단어처럼 연결된다.

μῆνιν ἄειδε, μη-νι-νἄ-ει-δε(장-단-단-장-단)

그 반대의 경우

ἐπὶ σχεδίης, ἐ-πισ-χε-δί-ης(단-장-단-단-장)

H. 헬라어의 강세

1. **고전 헬라어에서 단어의 강세가 있는 음절은 음의 강세를 통해 강세가 없는 음절과 구분되는 것이 아니라 모음의 음높이(소위 '음악적 강세')로써 구분된다.** 강세의 명칭 역시도 이로부터 말미암았다. 즉 애큐트(acute, ´)는 '높고 밝은' 음정을 나타내며, 그레이브(grave, ` )는 '낮고 잘 울리지 않는' 음정을 나타내고, 서컴플렉스(circumflex, ´ + ` = ^ → ^ , ˜)는 애큐트와 그레이브의 음정을 함께 갖는다.

2. **강세의 종류뿐 아니라 강세의 위치도 단어의 의미를 결정한다.**

πᾶν	모든 것	Πάν	한 신의 이름
τυχῶν	명사의 복수, 속격	τυχών	분사의 단수, 주격
θηροτρόφος	동물을 사육하는	θηρότροφος	동물을 먹고 사는

I. 강세 규정

예외의 경우를 제외하고 모든 헬라어 단어는 하나의 강세를 갖는다. 이 강세는 마지막 세 음절 위에 놓일 수 있다. 세부적으로는 다음 규칙을 따른다.

1. **강세가 있는 음절은 일반적으로 애큐트(acute)를 갖는다.**

a. 장, 단 모음이나 장, 단, 중모음 위에 있을 수 있다.

b. 강세가 붙을 수 있는 모든 세 음절 위에 있을 수 있다. 뒤에서 세 번째 음절 위에는, 단지 마지막 음절의 모음이 짧을 때만, 애큐트가 찍힐 수 있다(마지막 음절의 αι나 οι는 짧은 음절로 취급됨).

εἰ-πέ	πε-δί-ον	συν-ά-γε-τε
εἰ-πών	'Α-ρισ-τεί-δης	πισ-τεύ-ε-τε
ἄν-θρω-ποι	δί-και-αι	ἔρ-χο-μαι

2. **그레이브(grave)는 마지막 음절(ultima)에만 붙을 수 있다.** 그것도 그레이브는 문장 안에서 애큐트를 대신한다. 즉, 해당 단어 뒤에는 어떤 구두점도 뒤따르지 않는다.

Κῦρος φιλὴν εἶχε τὴν κεφαλήν, ὅτε βασιλεὺς προσῄει.

3. 서컴플렉스(circumflex)

a. 단지 긴 모음이나 중모음에 붙을 수 있다.

b. 단지 마지막 두 음절에만 붙을 수 있다. 단, 마지막에서 두 번째 음절(전종음절, penult)에서는 마지막 음절(ultima)의 모음이 짧을 때만 또는 -αι나 -οι 처럼 짧게 여겨질 때만 붙을 수 있다.

πῇ	ποῦ	ὀρ-θῶς	στρα-τι-αῖς
δῶ-ρα	δῶ-ρον	πο-λῖ-τα	φι-λεῖ-τε
μῆ-τερ	ἧ-λιξ	λαῖ-λαψ	
δῆ-μοι	'Α-θῆ-ναι	παι-δεῦ-σαι	

4. **마지막 음절의 모음이 짧을 경우 전종음절에 강세가 있는, 긴 모음은 서컴플렉스이어야만 한다.**

κρατήρ	(주격)	κρατῆρος	(속격)	κρατῆρι	(여격)
γύψ	(단수, 주격)	γῦπες	(복수, 주격)	γῦπας	(복수, 대격)
πολίτης	(주격)	πολῖτα	(호격)		
σώφρων	(남성)	σῶφρον	(중성)		
φεύγεις	(현재 직설법)	φεῦγε	(명령법)		

J. 강세 없는 단어(atona) 또는 전접어(前接語, proklitika)

1. 뒤 따르는 단어와 밀접하게 관련된 단음절의 단어(10 개)

a. 관사: ὁ, ἡ, οἱ, αἱ

b. 전치사: ἐν, εἰς, ἐξ(ἐκ)

c. 접속사: εἰ, ὡς

d. 부정어: οὐ(οὐκ, οὐχ)

2. 강세 없는 단어(Atona)가 애큐트 강세(΄)를 가질 경우

a. 후접어가 뒤 따를 때

εἴ τις, εἴς τινας
(ὅδε, εἴτε, οὔτε 참조)

b. 구두점 앞에 οὐ가 놓일 때

πῶς γὰρ οὔ; οὗτος ἦν καλὸς μέν,
μέγας δ' οὔ· ἄλλοι δὲ …

K. 후접어(後接語, enklitika)

1. 앞 단어와 밀접하게 연결되어 있는 단음절 또는 두 음절로 구성된 단어를 후접어라 고 하는데, 관련된 두 단어는 하나의 강세 단위를 만든다. 그 때 보통의 경우 후접어는 강세를 잃어버리거나 또는 선행하는 단어에 애큐트 강세를 주게 된다. 이 경우 선행어는 두 개의 애큐트 강세를 가질 수 있다.

a. 인칭대명사: μου, μοι, με, σου, σοι, σε

b. 부정대명사: τις, τι의 모든 격변화

c. φής와 εἶ를 제외한 φημί와 εἰμί의 직설법 현재변화

d. 부정부사: που, ποι, ποθέν, πως, πη, ποτέ

e. 불변사(particle) : γε, τε, τοι, νυν, περ, πω

f. 접미어 -δε : Μεγαράδε, ὅδε, τοσόσδε

2. 후접시 후접 방법은 다음의 규칙을 따른다.

a. 후접어가 강세를 잃어 버릴 경우

① 선행어의 마지막 음절에 [῀]가 있을 때

σοφῶν τις, σοφῶν τινες, σοφῶν τινων

② 마지막 음절에 [´]를 가진 선행어 뒤 또는 강세 없는 단어의 뒤(이때 선행어는 애큐트 강세를 가짐)

σοφός τις, σοφοί τινες, εἴ τις, εἴ τινες

③ 전전종음절(antepenult)에 [´] 강세를 가진 선행어 뒤 또는 전종음절(penult)에 [^] 강세를 가진 선행어 뒤(이때 선행어는 자신이 지닌 고유한 강세 외에 마지막 음절에 [´] 강세를 지님)

ἄνθρωπός τις, ἄνθρωποί τινες,

δοῦλός τις, δοῦλοί τινες

b. 후접어가 그 강세를 잃어 버리거나 간직하는 경우: 마지막에서 두 번째 음절에 [´] 강세를 가진 단어 뒤에서 단음절의 후접어는 그 강세를 잃어 버리게 되며, 두 음절의 후접어는 그 강세를 그대로 지닌다.

λόγος τις(단음절 후접어)

λόγοι τινές(두 음절 후접어), λόγων τινῶν

c. 후접어가 자신의 강세를 그대로 가질 경우

① 강세가 떨어져 나가야 할 음절이 축약될 때

σοφὸς δέ ἐστιν.

σοφὸς δ' ἐστίν.

② 문장의 서두에 있을 때

φημὶ τοίνυν.

③ 다른 후접어 앞에서

ὁ φίλος μού φησι.

④ 후접어가 두 음절일 때(b 항 참조)

λόγοι τινές, λόγων τινῶν

2. 강 세(accent)

A. 일러두기

1. 음절의 명칭

ἀ	-	λή	-	θει	-	α
		전전종음절		전종음절		종음절
		antepenult		penult		ultima

2. '3 음절 법칙'(three-syllable-law)

강세는 끝에서 세 번째 음절까지만 가질 수 있다.

3. 강세의 명칭

명 칭		부 호	음 정
애큐트	acute	´	높고 밝음
서컴플렉스	circumflex	῀	´ 와 ` 사이의 음
그레이브	grave	`	낮고 잘 울리지 않음

4. 장모음과 중모음을 가진 음절은 장음이다.

단, 단어 끝에 오는 -αι나 -οι는 단음으로 간주된다.

5. 한 단어에 하나 이상의 강세가 붙을 수 없다. 단, 후접어가 뒤따를 경우는 둘을 가질 수 있다.

ἄνθρωπος, ἄνθρωπός μου

B. 강세의 일반 법칙

1. 애큐트(acute)

a. 낱말의 마지막 세 음절 모두에 붙을 수 있다.

´___ ___ ___ ἄν - θρω - πος
___ ´___ ___ ἀ - γά - πη
___ ___ ´___ ἀ - δελ - φός

b. 종음절이 길면, 강세는 전종음절보다 앞으로 나갈 수 없다.

___ | ´___ ___ ἀν | θρώ - που

c. 구두점이 없이 다른 낱말이 뒤 따를 때 앞의 낱말의 애큐트는 그레이브로 바뀐다.

ὁ Χριστός | ὁ Χριστὸς **ἀγαθός**

2. 서컴플렉스(circumflex)

a. 종음절이나 전종음절의 장음에 붙는다.

_____ | _____ ^_____ θε - ῷ

_____ | ^_____ _____ δοῦ - λος

b. 전종음절이 길고 종음절이 짧을 경우 전종음절에 붙는다.

_____ | _____ _____ δῶ - ρον

c. 종음절이 길 경우 전종음절은 서컴플렉스를 가질 수 없다.

_____ | _____ _____ δώ - ρου (참조, θε-ῷ)

3. 그레이브(grave)

원래 애큐트를 가진 낱말이 이어지는 낱말로 인해 애큐트가 그레이브로 바뀐다.

ὁ θεὸς **φιλεῖ.**

C. 동사의 강세

1 . **역행법(recessive accent)**: 가능한 종음절에서 먼 곳에 강세가 있다.

a. 종음절이 짧을 경우, 전전종음절에 애큐트가 붙는다.

_____ | ´_____ _____ _____

λύ-ο-μεν, ἐ-πίσ-τευ-ον, ἐ-λύ-σα-μεν

b. 종음절이 길 경우, 전종음절에 애큐트가 붙는다.

_____ ´_____ _____ ἀν-**θρώ**-που

πισ-**τεύ**-ω, πισ-**τεύ**-ει, ἐ-**λύ**-θη

2. 두 음절 단어의 경우, 전종음절의 장단에 따라 붙인다.

a. ^_____ _____ λῦ-ε, κλαῖ-ε

b. ´_____ _____ λύ-ω, λύ-εις, λύ-ει

D. 명사의 강세

1. **주격 단수형의 강세 위치를 고수한다**(사전에서 일일이 찾아 암기해야 함).

2. **강세 일반 법칙을 따른다.**

단수	1.	λόγος	οἶκος	ἄνθρωπος
	4.	λόγον	οἶκον	ἄνθρωπον
	2.	λόγου	οἴκου	ἀνθρώπου
	3.	λόγῳ	οἴκῳ	ἀνθρώπῳ
복수	1.	λόγοι	οἶκοι	ἄνθρωποι
	4.	λόγους	οἴκους	ἀνθρώπους
	2.	λόγων	οἴκων	ἀνθρώπων
	3.	λόγοις	οἴκοις	ἀνθρώποις

3. **제 1 변화(α 변화) 명사와 분사는 복수 속격에서 종음절에 서컴플렉스를 갖는다.**

ἡμερῶν, προφητῶν

4. **종음절에 강세가 있는 제 1, 2 변화(α, ο 변화) 명사는 속격과 여격에서 서컴플렉스를 갖는다.**

ἀρχή ἀρχήν(대격) ἀρχῆς(속격) ἀρχῇ(여격)
ὁδός ὁδόν(대격) ὁδοῦ(속격) ὁδῷ(여격)

5. **제 3 변화 단음절 명사는 속격과 여격의 종음절에서 애큐트를 갖는다**(단, 복수 속격에서는 종음절에 서컴플렉스를 갖는다).

νύξ νύκτα(대격) νυκτός(속격) νυκτί(여격)
νυκτῶν(속격) νυξί(ν)(여격)

E. 강세 없는 단어(atona)

1. 네 개의 관사: ὁ, ἡ, οἱ, αἱ
2. 세 개의 전치사: ἐν, εἰς, ἐξ(ἐκ)
3. 두 개의 접속사: εἰ, ὡς
4. 부정어: οὐ(οὐκ, οὐχ)

3. 약어표

구분	한국어	영어	약어	구분	한국어	영어	약어
인칭	인칭	person	P.	시제	현재	present	pres.
	1		1P.		미래	future	fut.
	2		2P.		미완료	imperfect	impf.
	3		3P.		단순과거	aorist	aor.
수	단수	singular	sing.(sg.)		현재완료	perfect	perf.
	복수	plural	pl.		과거완료	pluperfect	plupf.
성	남성	masculine	m.	태	능동태	active	act.
	여성	feminine	f.		수동태	passive	pass.
	중성	neuteral	n.		중간태	middle	mid.
격	주격	nominative	Nom.(N, 1.)	기타	부정사	infinitive	inf.
	속격	genitive	Gen.(G, 2.)		분사	participle	ptc.
	여격	dative	Dat.(D, 3.)		부사	adverb	adv.
	대격	accusative	Acc.(A, 4.)		비교급	comparative	comp.
	호격	vocative	Voc.(V)		최상급	superative	superl.
법	직설법	indicative	ind.		절대속격	genitivus absolutus	gen.abs.
	명령법	imperative	impr.				
	희구법	optative	opt.		역사적 현재	praesens historicum	praes.hist.
	가정법	subjunctive	subj.				

4. 헬라어 동사

A. 세 가지 태(態, voice): 상태 형태

1. 능동태(active voice) act.
2. 수동태(passive voice) pass.
3. 중간태(middle voice) mid.

B. 여섯 시상(時相, tense): 시간 형태

1. 현재(present) pres.
2. 미래(future) fut.
3. 미완료(imperfect) = 제 1 과거 impf.
4. 단순과거(aorist) aor.
5. 현재완료(perfect) = 제 2 과거 perf.
6. 과거완료(pluperfect) = 제 3 과거 plupf.

C. 네 가지 법(mood): 진술 방법

1. 직설법(indicative) ind.
2. 가정법(subjunctive) subj. 비실재적 가정
3. 희구법(optative) opt.
4. 명령법(imperative) imper.

D. 세 가지 명사형 동사(verbalnomina): 정해지지 않은 동사 형태

1. 부정사(infinitive) inf. 명명형태(Nennform)
2. 분사(participle) ptc.
3. 동사적 형용사(verbaladjective)

Παῦλος κλητὸς ἀπόστολος Χριστοῦ (고전 1:1)
καλέω(call)의 verbaladj.

5. -ω 동사의 현재 능동태

A. 직설법

λύ	ω
stem	personal endings
어간(줄기)	인칭 어미

인칭 \ 수	sg.	pl.
1	λύ ω	λύ ο*1 μεν
2	λύ εις	λύ ε*1 τε
3	λύ ει	λύ ου σι(ν*2)

*1. 가변 모음(variable vowels)
  ο: μ, ν 앞   ε: 그 외 자음 앞

*2. 움직이는 ν (movable ν): ① 문장 끝, ② 모음 단어 앞

*3. 원래 인칭 어미: μι σι τι μεν τε ντι

B. 명령법

인칭 \ 수	sg.	pl.
2	λῦ ε	λύ ετε

C. 부정사: λύ ειν

D. 분사: λύ ων(m.), λύ ουσα(f.), λῦ ον(n.)

6. λύω 동사의 직설법 능동태

시상	시제	인칭	줄기	sg.	pl.	비고
제 1 시상	현재	1	λύ	λύ ω	λύ ο μεν	*(ν): ① 문장 끝 ② 모음으로 시작되는 단어 앞
		2		λύ εις	λύ ε τε	
		3		λύ ει	λύ ου σι(ν)*	
	미래	1	λύ σ	λύ σ ω	λύ σ ο μεν	
		2		λύ σ εις	λύ σ ε τε	
		3		λύ σ ει	λύ σ ου σι(ν)	
	현재완료	1	λε λυ κ 중첩두어 (reduplication)	λέ λυ κ α	λε λύ κ α μεν	
		2		λέ λυ κ α ς	λε λύ κ α τε	
		3		λέ λυ κ ε (ν)	λε λύ κ α* σι(ν) κ α ν	*3.P.pl.은 단순과거 인칭 변화와 동일
제 2 시상	미완료	1	ἐ λυ	ἔ λυ ο*1 ν*2	ἐ λύ ο μεν	*1. 가변모음 ① μ, ν 앞에서 ο ② 그 외에서 ε *2. 제 2 시상 능동태 인칭어미
		2		ἔ λυ ε ς	ἐ λύ ε τε	
		3		ἔ λυ ε (ν)	ἔ λυ ο ν	
	단순과거	1	ἐ λυ σ	ἔ λυ σ *α	ἐ λύ σ α μεν	* 원줄기 + σα → 제 1 단순과거 줄기가 불규칙적일 경우 → 제 2 단순과거
		2		ἔ λυ σ α ς	ἐ λύ σ α τε	
		3		ἔ λυ σ ε (ν)	ἔ λυ σ α ν	
	과거완료	1	(ἐ) λε λυ κ *자음 앞 접두모음 (augment)	ἐ λε λύ κ ει ν	ἐ λε λύ κ ει μεν	
		2		ἐ λε λύ κ ει ς	ἐ λε λύ κ ει τε	
		3		ἐ λε λύ κ ει	ἐ λε λύ κ ει σαν	

연습문제 1

A. 문법

1. βλέπω 동사의 현재 능동태 직설법 변화를 해보시오.
2. 아래 도표의 동사를 분해(parsing)하시오.

변화형 동사	인칭	수	시제	태	법	현재능동태 1인칭단수	의미(뜻)
λαμβάνομεν							
διδάσκετε							
ἔχω							

B. 아래 본문을 우리말로 옮기시오.

1. ὑμῶν δὲ μακάριοι οἱ ὀφθαλμοὶ ὅτι **βλέπουσιν** … (마 13:16)
2. ἐγὼ δὲ ὅτι τὴν ἀλήθειαν **λέγω**, οὐ πιστεύετέ μοι. (요 8:45)
3. σὺ **πιστεύεις** εἰς τὸν υἱὸν τοῦ ἀνθρώπου; (요 9:35)
4. τὸ φῶς τοῦ κόσμου τούτου **βλέπει**· (요 11:9)
5. εἰρήνην **ἔχομεν** … (롬 5:1)
6. **γινώσκετε** τὸ πνεῦμα τοῦ θεοῦ· (요일 4:2)

7. 명사 변화

A. 세 종류의 명사 변화

1. 제 1 변화: α 변화, η 변화
2. 제 2 변화: ο 변화
3. 제 3 변화

B. 헬라어 명사는 성, 수, 격을 갖는다.

1. 성: 남성(m.), 여성(f.), 중성(n.)
2. 수: 단수(sg.), 복수(pl.)
3. 격: 주격(1 격, N.), 속격(2 격, G.), 여격(3 격, D.), 대격(4 격, A.), 호격(V.)

C. 명사 제 1, 2 변화

수	격	제 2 변화 (m.)	제 1 변화(f.)			제 2 변화 (n.)
			α 변화		η 변화	
sg.	1	λόγος	ἀλήθεια	δόξα	γραφή	δῶρον
	4	λόγον	ἀλήθειαν	δόξαν	γραφήν	δῶρον
	2	λόγου	ἀληθείας	δόξης	γραφῆς	δώρου
	3	λόγῳ	ἀληθείᾳ	δόξῃ	γραφῇ	δώρῳ
pl.	1	λόγοι	ἀλήθειαι	δόξαι	γραφαί	δῶρα
	4	λόγους	ἀληθείας	δόξας	γραφάς	δῶρα
	2	λόγων	ἀληθειῶν	δοξῶν	γραφῶν	δώρων
	3	λόγοις	ἀληθείαις	δόξαις	γραφαῖς	δώροις

D. 호격은 주격과 동일함

단, m.sg.1.은 -ος가 아니라 -ε 이다(κύριος의 호격은 κύριε).

E. ε, ι, ρ 이외의 자모 다음의 -α로 끝나는 명사의 경우

1. sg.2.에서 -ας 대신 -ης
2. sg.3.에서 -ᾳ 대신 -ῃ

8. 제 1, 2 변화 명사

A. 제 2 변화 남성명사

ἀδελφός	brother 형제	κόσμος	world 세상
ἄνθρωπος	man 사람	ἄρτος	bread 떡
ἀπόστολος	apostle 사도	ὀφθαλμός	eye 눈
δοῦλος	slave 종	χόρτος	gras 풀
θάνατος	death 죽음	καρπός	fruit 열매
νόμος	law (율)법	κύριος	lord 주
υἱός	son 아들	λίθος	stone 돌
οἶκος	house 집	ὁδός (f.*)	way, road 길
ὄρος (n.*)	mountain 산	ὄχλος	crowd 무리
οὐρανός	sky 하늘	ὅρκος	oath 맹세

B. 제 1 변화 여성명사

εἰρήνη	peace 평안	ἐκκλησία	church 교회
ἐντολή	commandment 계명	ἡμέρα	day 낮, 낮
ζωή	life 생명	καρδία	heart 마음
παραβολή	parable 비유	ὥρα	hour 시간
φωνή	voice 음성	οἰκία	house, family 집, 가정
ψυχή	soul, life (영)혼	πέτρα	rock, stone 바위, 반석
γῆ	earth, land 땅	ἐξουσία	authority 권세
συναγωγή	synagogue 회당	πύλη	gate, door 문

C. 제 2 변화 중성명사

ἱερόν	temple 성전	δαιμόνιον	demon 귀신
ἔργον	work 일	ἄμμον	sand 모래
δένδρον	tree 나무		

연습문제 2

A. 문법

1. ἀπόστολος, ὁ의 명사 변화를 해보시오.
2. ἱερόν, τό의 명사 변화를 해보시오.
3. καρδία, ἡ의 명사 변화를 해보시오.
4. δόξα, ἡ의 명사 변화를 해보시오.
5. ἐντολή, ἡ의 명사 변화를 해보시오.
6. 아래 도표의 명사를 분해(parsing)하시오.

변화형 명사	성	수	격	단수 주격	뜻(의미)
ἄνθρωπον					
δῶρα					
δόξης					
ὥραι					
γραφάς					

B. 아래 문장을 우리말로 옮기시오.

1. υἱοὶ λαμβάνουσι δῶρα.
2. δοῦλοι καὶ ἀπόστολοι λέγουσιν ἀδελφῷ.
3. ἐλάλησεν ὁ Ἰησοῦς ἐν παραβολαῖς τοῖς ὄχλοις … (마 13:34)
4. κύριός ἐστιν ὁ υἱὸς τοῦ ἀνθρώπου καὶ τοῦ σαββάτου. (막 2:28)
5. Ἐν ἀρχῇ ἦν ὁ λόγος, καὶ ὁ λόγος ἦν πρὸς τὸν θεόν, καὶ θεὸς ἦν ὁ λόγος. (요 1:1)
6. ὁ θεὸς ἀγάπη ἐστίν. (요일 4:8)

9. 제 1, 2 변화 형용사

수	격	m.		f.		n.	
sg.	N.	ἀγαθός	ὁ	ἀγαθή	ἡ	ἀγαθόν	τό
	A.	ἀγαθόν	τόν	ἀγαθήν	τήν	ἀγαθόν	τό
	G.	ἀγαθοῦ	τοῦ	ἀγαθῆς	τῆς	ἀγαθοῦ	τοῦ
	D.	ἀγαθῷ	τῷ	ἀγαθῇ	τῇ	ἀγαθῷ	τῷ
pl.	N.	ἀγαθοί	οἱ	ἀγαθαί	αἱ	ἀγαθά	τά
	A.	ἀγαθούς	τούς	ἀγαθάς	τάς	ἀγαθά	τά
	G.	ἀγαθῶν	τῶν	ἀγαθῶν	τῶν	ἀγαθῶν	τῶν
	D.	ἀγαθοῖς	τοῖς	ἀγαθαῖς	ταῖς	ἀγαθοῖς	τοῖς

※ ὁ → ός , τό → όν 그 외의 경우 관사 꼬리와 동일

κακός,	ή,	όν,	bad
καλός,	ή,	όν,	beautiful
μακάριος,	ία,	ιον,	blessed
πτωχός,	ή,	όν,	poor
*δίκαιος,	α,	ον,	righteous
*πονηρός,	ά,	όν,	evil
ἀρχαῖος,	αία,	αῖον,	old
δεξιός,	ά,	όν,	right
** ἄδικος,		ον,	unrighteous
τέλειος,	α,	ον,	perfect
ἅγιος,	α,	ον,	holy
ὅλος,	η,	ον,	whole, all
οὐράνιος,		ον,	heavenly
καθαρός,	ά,	όν,	pure

δίκαιος의 여성변화		
sg.	N.	δικαία
	A.	δικαίαν
	G.	δικαίας
	D.	δικαίᾳ
pl.	N.	δίκαιαι
	A.	δικαίας
	G.	δικαίων
	D.	δικαίαις

** 합성어로 이루어진 모든 형용사는 두 종류의 어미변화만 한다. 즉, 남성과 여성은 동일한 어미를 갖는다(m./f.: -ος, n.: -ον).

ἄθεος, ἄκαρπος

ὦ γενεὰ ἄπιστος (마 17:17)

10. μικρός와 δίκαιος 변화

수	격	m.	f.	n.
sg.	N.	μικρός	μικρά *1	μικρόν
	A.	μικρόν	μικράν	μικρόν
	G.	μικροῦ	μικρᾶς *2	μικροῦ
	D.	μικρῷ	μικρᾷ	μικρῷ
pl.	N.	μικροί	μικραί	μικρά
	A.	μικρούς	μικράς	μικρά
	G.	μικρῶν	μικρῶν	μικρῶν
	D.	μικροῖς	μικραῖς	μικροῖς

*1 ϵ, ι, ρ → α

*2 f.sg.G.와 f.pl.A.의 차이는 강세에 있다.

수	격	m.	f.	n.
sg.	N.	δίκαιος	δικαία	δίκαιον
	A.	δίκαιον	δικαίαν	δίκαιον
	G.	δικαίου	δικαίας	δικαίου
	D.	δικαίῳ	δικαίᾳ	δικαίῳ
pl.	N.	δίκαιοι	δίκαιαι	δίκαια
	A.	δικαίους	δικαίας	δίκαια
	G.	δικαίων	δικαίων	δικαίων
	D.	δικαίοις	δικαίαις	δικαίοις

11. 형용사의 용법

형용사는 관련된 명사와 성, 수, 격이 일치(agreement)해야 한다.

A. 한정적 용법

형전 관사 유한 무서

the good word(그 좋은 말씀이)

ὁ ἀγαθὸς λόγος 또는

ὁ λόγος ὁ ἀγαθός

※ 어떤 경우든 형용사 앞에 관사가 있다.

※ 형용사 앞에 관사가 있으면 한정적 용법, 없으면 서술적 용법이다.

B. 서술적 용법

The word is good(그 말씀은 좋다).

ὁ λόγος ἀγαθός

ἀγαθός ὁ λόγος

※ 어떤 경우든 형용사 앞에 관사가 없다.

※ 관사가 없는 경우 한정적 용법으로 사용될 수 있고 서술적 용법으로 사용될 수 있다.

ἀγαθὸς λόγος, λόγος ἀγαθός

('a good word' 또는 'A word is good.')

C. 명사적 용법

1. 관사 없이 사용될 경우

ἀγαθός : a good man

ἀγαθή : a good woman

ἀγαθόν : a good thing

ἀγαθοί : good men

ἀγαθαί : good women

ἀγαθά : good things

2. 관사와 함께 사용될 경우

ὁ ἀγαθός : the good man

ἡ ἀγαθή : the good woman

τὸ ἀγαθόν : the good thing

οἱ ἀγαθοί : the good men *

αἱ ἀγαθαί : the good women

τὰ ἀγαθά : the good things

* 때때로 'the good people'로 해석한다.

οἱ νεκροί : the dead people

D. 형용사의 용법 익힘 문제 (마 5-7 장)

1. Μακάριοι οἱ **πτωχοὶ** τῷ πνεύματι, (5:3)

2. **μακάριοι** οἱ **καθαροὶ** τῇ καρδίᾳ, (5:8)

3. ὅπως ἴδωσιν ὑμῶν τὰ **καλὰ** ἔργα, (5:16)

4. Ἠκούσατε ὅτι ἐρρέθη τοῖς **ἀρχαίος·** (5:21)

5. ὅτι τὸν ἥλιον αὐτοῦ ἀνατέλλει
ἐπὶ **πονηροὺς** και **ἀγαθοὺς** και, (5:45)

6. ἀφήσει καὶ ὑμῖν ὁ πατὴρ ὑμων ὁ **οὐράνιος·** (6:14)

7. ἐὰν δὲ ὁ ὀφθαλμός σου **πονηρὸς** ᾖ, (6:23)

8. οὕτως πᾶν δένδρον **ἀγαθὸν** καρποὺς **καλοὺς** ποιεῖ,
τὸ δὲ σαπρὸν δένδρον καρποὺς **πονηροὺς** ποιεῖ. (7:17)

9. πᾶν δένδρον μὴ ποιοῦν καρπὸν **καλὸν** ἐκκόπτεται, (7:19)

12. 관사 변화

수	격	m.	f.	n.
sg.	N.	ὁ	ἡ	τό
	A.	τόν	τήν	τό
	G.	τοῦ	τῆς	τοῦ
	D.	τῷ	τῇ	τῷ
pl.	N.	οἱ	αἱ	τά
	A.	τούς	τάς	τά
	G.	τῶν	τῶν	τῶν
	D.	τοῖς	ταῖς	τοῖς

A. 기억해 둘 점

1. G. D.의 강세는 서컴플렉스(ˆ)가 붙는다.
2. τ 가 붙지 않는 관사는 강세가 붙지 않는다(전접어, proclitic).
3. A.와 n.N.은 애큐트가 붙는다.
4. m.과 n.sg.G.은 τοῦ이다(βασιλεία τοῦ θεοῦ).
5. pl.G.는 모두 τῶν이다(ἡ βασιλεία τῶν οὐρανῶν, 마 5:3).
6. sg.D.에서는 모두 ι-subscript 가 붙는다.
7. D.에서 m.과 n.은 같다(sg.일 경우 τῷ이며 pl.일 경우 τοῖς).
8. pl.D.은 (ο 또는 α) ις로 끝난다.

B. 사전에서 명사 찾기

θεός,	ὁ,	하나님, 신(God)	(마 5:8)
δικαιοσύνη,	ἡ,	의(righteousness)	(마 5:6)
ἅλας,	τό,	소금(salt)	(마 5:13)

연습문제 3

A. 문법

1. 아래 도표의 형용사를 분해(parsing)하시오.

변화형 형용사	성	수	격	단수 주격	뜻(의미)
ἀγαθάς					
πιστῇ					
δίκαιαι					
ἄλλα					
μικραί					

2. 다음의 명사 또는 형용사에 맞게 관사를 붙이시오.

_____ λόγοι　　_____ ὁδοῦ　　_____ δῶρα

_____ πισταῖς　　_____ ἱερόν　　_____ κύριος

B. 아래 문장을 우리말로 옮기시오.

1. οἱ νεκροὶ οὐκ ἔχουσιν δόξαν.
2. εἶ ὁ υἱός μου ὁ ἀγαπητός, (막 1:11)
3. πολλοὶ δὲ ἔσονται πρῶτοι ἔσχατοι καὶ οἱ ἔσχατοι πρῶτοι. (막 10:31)
4. ὁ ἀγαθὸς ἄνθρωπος ἐκ τοῦ ἀγαθοῦ θησαυροῦ τῆς καρδίας προφέρει τὸ ἀγαθόν, καὶ ὁ πονηρὸς ἐκ τοῦ πονηροῦ προφέρει τὸ πονηρόν· (눅 6:45)
5. πέμψω τὸν υἱόν μου τὸν ἀγαπητόν. (눅 20:13)
6. κακὰ τοῖς ἁγίοις σου ἐποίησεν ἐν Ἰερουσαλήμ· (행 9:13)
7. ὁ νόμος ἅγιος καὶ ἡ ἐντολὴ ἁγία καὶ δικαία καὶ ἀγαθή. (롬 7:12)
8. πιστὸς ὁ θεός, (고전 1:9)

13. 전치사

신약성경에 나타나는 전치사 중 18개는 본래적 전치사로 동사와 함께 합성동사를 만들 수 있으며, 42개는 비본래적 전치사로 합성동사를 만들 수 없다.

A. 본래적 전치사(proper preposition)

1. 세 개의 격지배(G., D., A.)

ἐπί (ἐπ', ἐφ')

① G.: over, on, at the time of
- ἐπὶ τῆς γῆς (마 6:19)
- ἐπὶ γῆς (마 6:10)

② D.: on the basis of, at
- ἐπὶ τῇ διδαχῇ (마 7:28)

③ A.: on, to, against
- ἐπὶ τὴν λυχνίαν (마 5:15)
- ἐπὶ τὴν ἄμμον (마 7:26)
- ἐπὶ ἡμᾶς

παρά

① G.: from
- παρ' αὐτῶν (마 2:4)
- παρὰ τῶν μάγων (마 2:6)

② D.: beside, in the presence of, with
- παρὰ ἀνθρώποις
- παρὰ θεῷ (마 19:26)

③ A.: alongside of

πρός

① A.: to, toward
- πρὸς Ἡρῴδην (마 2:12)

② D: near, by
- πρὸς τῷ ὄρει (마 5:11)

③ G.: advantageous for
- πρὸς τῆς ὑμετέρος σωτηρίας (행 27:34)

2. 두 개의 격지배(G.과 A.)

διά	①	G.: through	
		διὰ τοῦ προφήτου	(마 1:22)
		διὰ πίστεως	(롬 3:25)
	②	A.: on account of, because of	
		διὰ τὸν λόγον	(마 13:21)
κατά (κατ', καθ')	①	G.: down from, against	
		καθ' ὑμῶν	(마 5:11)
	②	A.: according to, throughout, during	
		κατὰ Μαθθαῖον	마태복음의 표제어
μετά (μετ', μεθ')	①	G.: with	
		μεθ' ἡμῶν	(마 1:23)
	②	A.: after(보통 시간)	
		μεθ' ἡμέρας ἕξ	(마 17:1)
περί	①	G.: concerning, about	
		περὶ τοῦ παιδίου	(마 2:8)
	②	A.: around	
		περὶ τὴν ὀσφὺν αὐτοῦ	(마 3:4)
ὑπέρ	①	G.: in(on) behalf of(-을 대신, -을 위하여)	
		ὑπέρ ἡμῶν	(롬 5:8)
	②	A.: above, beyond	
		ὑφ' ἁμαρτίαν	(롬 3:9)
ὑπό (ὑπ', ὑφ')	①	G.: by(-에 의하여)	
		ὁ δοῦλος λύεται ὑπὸ τοῦ ἀποστολοῦ.	
		ὁ ἀπόστολος λύει τὸν δοῦλον.	
		ὑπὸ κυρίου	(마 2:15)
	②	A.: under	
		ὑπὸ τὸν μόδιον	(마 5:15)

3. 한 개의 격지배

a. 2 격(G.) 지배(속격 지배)

ἀντί	: instead of, against, over ἀντὶ ὀφθαλοῦ	(마 5:38)
ἀπό	: from ἀπὸ τῆς Γαλιλαίας	(마 3:13)
ἐκ(* ἐξ)	: out of (* ἐξ : 모음 앞) ἐξ ὑμῶν	(엡 2:8)
πρό	: before (시간, 장소) πρὸ ὑμῶν	(마 5:12)

b. 3 격(D.) 지배(여격 지배)

ἐν	: in, within ἐν τῇ οἰκίᾳ ἐν Χριστῷ 'Ιησοῦ	 (마 5:15) (엡 2:6)
σύν	: with σὺν Χριστῷ	(롬 6:8)

c. 4 격(A.) 지배(대격 지배)

ἀνά	: up(↔ κατά G. down, among) ἀνὰ μέσον	(마 13:25)
εἰς	: into(ἐν: 장소 체류, εἰς: 장소 이동) εἰς τὸ ὄρος	(마 5:1)

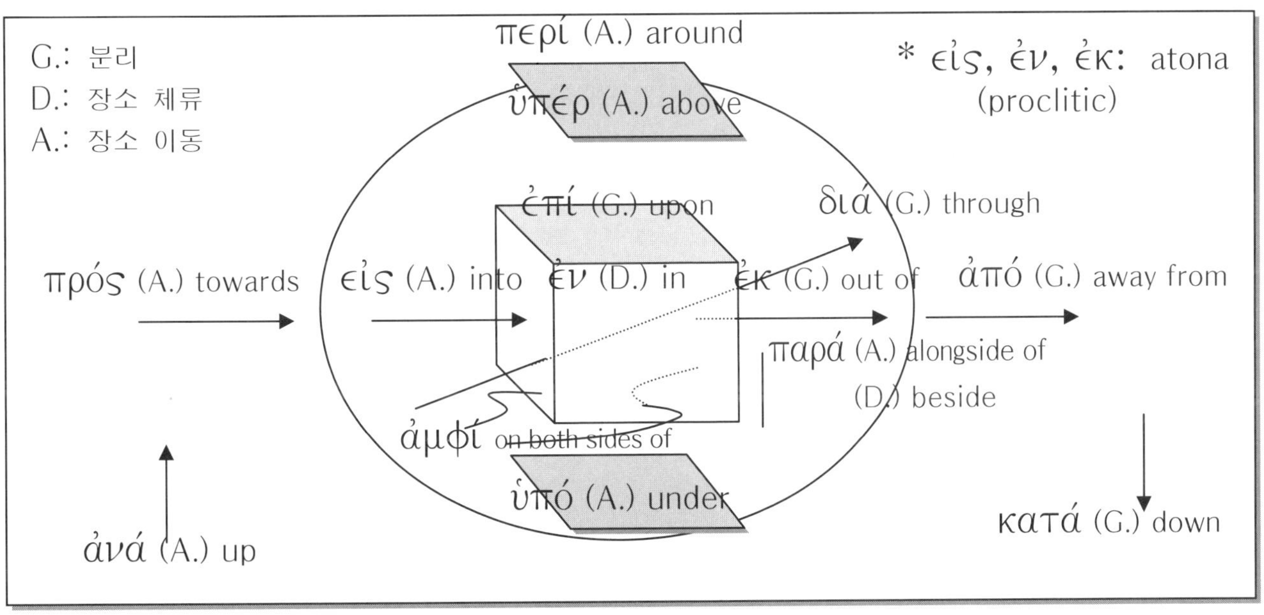

B. 비(非) 본래적 전치사(improper preposition)

1. 때때로 부사로 사용되는 속격(G.) 지배 전치사

ἐνώπιον : before, in the presence of, in front of
ἐνώπιον τοῦ θεοῦ (눅 1:19)

ἔμπροσθεν : in front of, before, in the presence of
ἔμπροσθεν τῶν ἀνθρώπων (마 10:32)

ὀπίσω : after
ὀπίσω μου (마 3:11)

ἔξω : outside, out of
ἔξω τοῦ ἀμπελῶνος (마 21:39)

χωρίς : without
χωρὶς νόμου (롬 3:21)

2. 때때로 접속사로 사용되는 전치사

ἄχρι : upto, until
ἀπὸ Ἀβραὰμ ἕως Δαυὶδ (마 1:17)

ἕως : upto, until, as far as (adv. with G.)
(접속사일 경우: while, until)

※ ἕως + ἄν + 가정법: - 할 때까지

μείνατε **ἕως ἄν** ἔλθω. (Remain until I come.)

(참조) ἔμεινεν **ἕως** οὗ ἦλθον. (He remained until I come.)

※ πρό와 περί는 모음축약(elision)이 되지 않는다. 전치사의 마지막 모음은 모음으로 시작하는 단어 앞에서 ’(apostrophe)로써 축약된다.

※ 전치사 다음에는 강조형 인칭대명사가 온다.

ἔκ μου → ἐξ **ἐμοῦ**
ἀπό μου → ἀπ’ **ἐμοῦ**
διά μου → δι’ **ἐμοῦ**

그러나 πρός με는 흔히 사용된다.
προς ἐμέ (요 6:45)

C. 전치사를 접두어로 사용하는 합성동사

ἀνά

① 본래 의미: 위로(upwards)
ἀναβαίνω, go up

② 전의적 의미: 다시(again)
ἀναζάω, live again, revive

③ 전의적 의미: 뒤로(back, backwards)
ἀναστρέφω, turn back

ἀντί

① 본래 의미: 대항하여(opposite, against)
ἀντιλέγω, speak against, oppose, resist

② 전이적 의미: 되돌림(requital)
ἀνταποδίδωμι, give back, repay

ἀπό

① 본래 의미: 분리(away from)
ἀπέρχομαι, depart from
ἀποκαλύπτω, uncover, reveal

② 전이적 의미: 되돌림(back again)
ἀποδίδωμι, give back, return
ἀπολαμβάνω, take back, recover

③ 전이적 의미: 완전히(perfective)
ἀπόλλυμι, destroy utterly; (중간태) perish completely

διά

① 본래 의미: 통하여(through)
διέρχομαι, go through, pass through

② 전이적 의미: 분배
διαδίδωμι, distribute

③ 전이적 의미: 변화
διαλλάσσω, change, reconcile

④ 전이적 의미: 분리
διασπάω, tear apart, tear in pieces

⑤ 전이적 의미: 완전하게
διακαθαρίζω, cleanse thoroughly

εἰς

본래 의미: 안으로(into)
εἰσέρχομαι, go into, enter

ἐκ	①	본래 의미: -로부터(from, out of)	
		ἐξέρχομαι,	go out
	②	전이적 의미: 완전하게	
		ἐκπληρόω,	fill completely
ἐν	①	본래 의미: 안에(in)	
		ἐνοικέω,	dwell in
	②	동작: 안으로(into)	
		ἐμβαίνω,	get into [a boat], embark
ἐπί	①	본래 의미: on, upon	
		ἐπιβάλλω,	cast, lay, or put upon
	②	동작: 향하여(towards)	
		ἐπέρχομαι,	come upon, come over
	③	동작: 위로(upwards)	
		ἐπαίρω,	lift up, raise
κατά	①	본래 의미: 아래로(down)	
		καταβαίνω,	go down
	②	전이적 의미: 반대(against)	
		κατακρίνω,	give judgment against, condemn
	③	전이적 의미: 순서대로	
		καταρτίζω,	put in order
	④	전이적 의미: 뒤(after, behind)	
		κατακολουθέω,	follow after
	⑤	전이적 의미: 완전히	
		κατεσθίω,	eat up, devour
μετά	①	본래 의미: 교제 또는 참여	
		μετέχω,	partake of, share in
	②	전이적 의미: 변화(change)	
		μετανοέω,	change my mind, repent
	③	전이적 의미: 뒤(after)	
		μεταπέμπω,	send after or for, summon

παρά ① 본래 의미: 곁에(beside, near)

παρακαλέω, call to my side, summon, admonish, entreat, encourage, comfort

② 전이적 의미: 반대하여(against)

παρακούω, disobey

περί ① 본래 의미: 주위에(around)

περιπατέω, walk about, conduct myself, live

② 전이적 의미: 초과(beyond)

περισσεύω, exceed, abound, cause to abound

πρό 본래 의미: 전에, 앞에(before)

προγινώσκω, know beforehand, foreknow

προφητεύω, foretell, speak forth, prophesy

πρός ① 본래 의미: 향해(to, towards)

προσέρχομαι, come to, approach

προσκυνέω, fall down before, worship

② 전이적 의미: 대상(on, at)

προσκόπω, strike (the hand or foot) against

σύν ① 본래 의미: 함께(together with)

συνάγω, gather together

συνεργέω, work together

② 전이적 의미: 완전히

συνκαλύπτω, veil (cover) completely

ὑπέρ 본래 의미: 위에(over, above)

ὑπερβάλλω, throw over or beyond, exceed, surpass

ὑπό 원래 의미: 아래(under)

ὑπομένω, remain under, remain, persevere, endure

ὑπάγω, withdraw myself, depart

14. 제 1 변화 남성명사

A. 변화

수	격	προφήτης (prophet)	μαθητής (disciple)
		προφητα-	μαθητα-
	1.	προφήτης	μαθητής
	4.	προφήτην	μαθητήν
sg.	2.	προφήτου*	μαθητοῦ
	3.	προφήτῃ	μαθητῇ
	V.	προφῆτα	μαθητά
	1.	προφῆται	μαθηταί
	4.	προφήτας	μαθητάς
pl.	2.	προφητῶν	μαθητῶν
	3.	προφήταις	μαθηταῖς
	V.	προφῆται	μαθηταί

B. 특징

1. 제 1 변화(η)를 따른다.
2. 단수 2 격(속격)에서는 남성 제 2 변화처럼 - ου를 붙인다.
3. 호격
   a. 단수일 경우: 원줄기를 따른다.
   b. 복수일 경우 : 1 격(주격)과 동일하다.

4. προφήτης

a.

______ ´______ 장음

b.

______ ˆ______ 단음

c. 제 1 변화 명사는 복수 2 격(속격)에서 -ῶν이다.

5. μαθητής(종음절에 강세가 있는 1, 2 변화 명사)

a. 1, 4 격의 경우: 애큐트(΄)

b. 2, 3 격의 경우: 서컴플렉스 (ˆ)

C. -ας로 끝나는 남성명사

ὁ νεανίας, 청년 ※ 낱말 줄기: νεανια-

격 \ 수	단 수	복 수
1.	νεανίας	νεανίαι
4.	νεανίαν	νεανίας
2.	νεανίου	νεανιῶν
3.	νεανίᾳ	νεανίαις

D. -ας, -ης로 끝나는 고유명사

	Ἠλίας	Ἰωάννης
1.	Ἠλίας	Ἰωάννης
4.	Ἠλίαν	Ἰωάννην
2.	Ἠλίου	Ἰωάννου
3.	Ἠλίᾳ	Ἰωάννῃ
V.	Ἠλία	Ἰωάννη

※ -ας로 끝나는 고유명사는 속격에서 -ου가 아니라 -α가 된다.

Ἀγρίππας Θωμᾶς

Ἀνανίας Κηφᾶς

Βαρναβᾶς Λουκᾶς

연습문제 4

※ 아래 문장을 우리말로 옮기시오.

1. **Περὶ** δὲ τῆς ἡμέρας ἐκείνης καὶ ὥρας οὐδεὶς οἶδεν, (마 24:36)
2. ἦλθεν Ἰησοῦς **ἀπὸ** Ναζαρὲτ τῆς Γαλιλαίας … (막 1:9)
3. πιστεύετε **ἐν** τῷ εὐαγγελίῳ. (막 1:15)
4. ἐξῆλθεν **ἐξ** αὐτοῦ. (막 1:26)
5. ἦλθον **εἰς** τὴν οἰκίαν Σίμωνος καὶ Ἀνδρέου **μετὰ** Ἰακώβου καὶ Ἰωάννου. (막 1:29)
6. τὸ σάββατον **διὰ** τὸν ἄνθρωπον ἐγένετο καὶ οὐχ ὁ ἄνθρωπος **διὰ** τὸ σάββατον· (막 2:27)
7. Καὶ ὁ Ἰησοῦς **μετὰ** τῶν μαθητῶν αὐτου ἀνεχώρησεν **πρὸς** τὴν θάλασσαν, (막 3:7)
8. **ἐν** τῷ κόσμῳ ἦν, καὶ ὁ κόσμος **δι'** αὐτοῦ ἐγένετο, (요 1:10)
9. Δόξαν **παρὰ** ἀνθρώπων οὐ λαμβάνω, (요 5:41)
10. Παῦλος ἀπόστολος οὐκ **ἀπ'** ἀνθρώπων οὐδὲ **δι'** ἀνθρώπου ἀλλὰ **διὰ** Ἰησοῦ Χριστοῦ καὶ θεοῦ πατρὸς τοῦ ἐγείραντος αὐτὸν **ἐκ** νεκρῶν, (갈 1:1)

15. 관사, 형용사, 명사의 일치

수	격	남성			여성			중성		
sg.	N.	ὁ	ἀγαθὸς	λόγος	ἡ	ἀγαθὴ	ἐντολή βασιλεία	τὸ	ἀγαθὸν	δῶρον
	A.	τὸν	ἀγαθὸν	λόγον	τὴν	ἀγαθὴν	ἐντολήν βασιλείαν	τὸ	ἀγαθὸν	δῶρον
	G.	τοῦ	ἀγαθοῦ	λόγου	τῆς	ἀγαθῆς	ἐντολῆς βασιλείας	τοῦ	ἀγαθοῦ	δώρου
	D.	τῷ	ἀγαθῷ	λόγῳ	τῇ	ἀγαθῇ	ἐντολῇ βασιλείᾳ	τῷ	ἀγαθῷ	δώρῳ
pl.	N.	οἱ	ἀγαθοὶ	λόγοι	αἱ	ἀγαθαὶ	ἐντολαί βασιλεῖαι	τὰ	ἀγαθὰ	δῶρα
	A.	τοὺς	ἀγαθοὺς	λόγους	τὰς	ἀγαθὰς	ἐντολάς βασιλείας	τὰ	ἀγαθὰ	δῶρα
	G.	τῶν	ἀγαθῶν	λόγων	τῶν	ἀγαθῶν	ἐντολῶν βασιλειῶν	τῶν	ἀγαθῶν	δώρων
	D.	τοῖς	ἀγαθοῖς	λόγοις	ταῖς	ἀγαθαῖς	ἐντολαῖς βασιλείαις	τοῖς	ἀγαθοῖς	δώροις

16. εἰμί 동사 현재 직설법

A. 직설법

수	인칭	일 반 형		강 조 형	
sg.	1.	εἰμί	I am	ἐγώ	εἰμι
	2.	εἶ	Thou art	σὺ	εἶ(후접어가 아님)
	3.	ἐστί(ν)	He/She/It is	αὐτός/αὐτή/αὐτό	ἐστι(ν)
pl.	1.	ἐσμέν	We are	ἡμεῖς	ἐσμεν
	2.	ἐστέ	Ye are	ὑμεῖς	ἐστε
	3.	εἰσί(ν)	They are	αὐτοί/αὐταί/αὐτά	εἰσι(ν)

1. ἐγώ εἰμι ὁ ἄρτος τῆς ζωῆς· (요 6:35)
2. σὺ εἶ ὁ χριστὸς ὁ υἱὸς τοῦ θεοῦ (마 16:16)
3. Ὑμεῖς ἐστε τὸ φῶς τοῦ κόσμου. (마 5:14)
4. ὅτι πραΰς εἰμι καὶ ταπεινὸς τῇ καρδίᾳ, (마 11:29)

B. 명령법

단 수	복 수
ἴσθι	ἔστε

＊ 강세: 앞음절(´) (참조. ἐστέ는 2.P.pl.pres)

C. 부정사: εἶναι

D. 분사

m.	f.	n.
ὤν	οὖσα	ὄν

연습문제 5

※ 아래 문장을 우리말로 옮기시오.

1. ὑμεῖς ἐστε τὸ ἅλας τῆς γῆς· (마 5:13)
2. ὅτι σὺ εἶ ὁ ἅγιος τοῦ θεοῦ. (요 6:69)
3. ἐγώ εἰμι ἡ ὁδὸς καὶ ἡ ἀλήθεια καὶ ἡ ζωή· (요 14:6)
4. ἐν τούτῳ ἐστὶν ἡ ἀγάπη, (요일 4:10)

17. 인칭대명사

A. 변화

수	격	1.P.	2.P.	3.P. m.	3.P. f.	3.P. n.
sg.	1.	ἐγώ	σύ	αὐτός	αὐτή	αὐτό
	4.	(ἐ)μέ *1	σέ *2	αὐτόν	αὐτήν	αὐτό
	2.	(ἐ)μοῦ	σοῦ	αὐτοῦ	αὐτῆς	αὐτοῦ
	3.	(ἐ)μοί	σοί	αὐτῷ	αὐτῇ	αὐτῷ
pl.	1.	ἡμεῖς	ὑμεῖς	αὐτοί	αὐταί	αὐτά
	4.	ἡμᾶς	ὑμᾶς	αὐτούς	αὐτάς	αὐτά
	2.	ἡμῶν	ὑμῶν	αὐτῶν	αὐτῶν	αὐτῶν
	3.	ἡμῖν	ὑμῖν	αὐτοῖς	αὐταῖς	αὐτοῖς

*1. ἐμέ, ἐμοῦ, ἐμοί : 강조형
με, μου, μοι : 후접어형(강세 없음)

*2. σέ, σοῦ, σοί : 강조형
σε, σου, σοι : 후접어형

B. 특징

1. 복수 1, 2 인칭에서 거친 숨표(ʽ)와 종음절의 서컴플렉스 강세
2. 복수형에서는 강조형과 후접어(cnclitic)형의 구별이 없다.
3. 인칭대명사 변화에는 호격이 없다.
4. 3 인칭의 강세는 종음절에 있다.
   a. 4 격일 경우: 애큐트(́)
   b. 3 격일 경우: 서컴플렉스(̂)
5. 1-3 인칭 복수 2 격의 꼬리: - ῶν
6. 1-3 인칭 3 격의 ι에 유의

C. 용법

1. 주격 인칭대명사는 동사에 이미 인칭어미가 붙어 있기 때문에 보통의 경우 붙이지 않는다.

λέγω, I say

2. 그러나 주어를 강조하는 경우 인칭대명사를 사용한다.

ἀμὴν γὰρ **λέγω** ὑμιν· (마 5:18)
ἐγὼ δὲ **λέγω** ὑμῖν ὅτι … (마 5:22)

3. 강조는 대개 대조의 경우 일어난다.

ἐγὼ λέγω, **σὺ** δὲ γράφεις.
Ἠκούσατε ὅτι ἐρρέθη τοῖς ἀρχαίοις· …
ἐγὼ δὲ **λέγω** ὑμῖν ὅτι … (마 5:21-22)
Ὑμεῖς **ἐστε** τὸ ἅλας τῆς γῆς· (마 5:13)
Ὑμεῖς **ἐστε** τὸ φῶς τοῦ κόσμου. (마 5:14)
σὺ δὲ ὅταν προσεύχῃ, (마 6:6)
σὺ δὲ νηστεύων ἄλειψαί σου τὴν κεφαλὴν … (마 6:17)

4. 소유를 나타낼 경우 비강조형(후접어형) 인칭대명사 속격을 사용한다.

οἱ μαθηταὶ **αὐτοῦ**	(마 5:1)	τοὺς ἀδελφοὺς **ὑμῶν**	(마 5:47)
τὸ δῶρόν **σου**	(마 5:23)	ὁ πατὴρ **ὑμῶν**	(마 5:48)
ὁ ἀδελφός **σου**	(마 5:23)	τὸν μισθὸν **αὐτῶν**	(마 6:2)
τῷ ἀδελφῷ **αὐτοῦ**	(마 5:22)	ἡ ἀριστερά **σου**	(마 6:3)
τῷ ἀντιδίκῳ **σου**	(마 5:25)	ἡ δεξιά **σου**	(마 6:3)
τῇ καρδίᾳ **αὐτοῦ**	(마 5:28)	τῷ πατρί **σου**	(마 6:6)
τὸ σῶμά **σου**	(마 5:29)	τὸ ὄνομά **σου**	(마 6:9)
τὴν γυναῖκα **αὐτοῦ**	(마 5:31)	ἡ βασιλεία **σου**	(마 6:10)
τοὺς ὅρκους **σου**	(마 5:33)	τὸ θέλημά **σου**	(마 6:10)
ὁ λόγος **ὑμῶν**	(마 5:37)	τὸν ἄρτον **ἡμῶν**	(마 6:11)
τὸν πλησίον **σου**	(마 5:43)	τὰ παραπτώματα **αὐτῶν**	(마 6:14)

τὸν ἐχθρόν **σου**	(마 5:43)	τὰ πρόσωπα **αὐτῶν**	(마 6:16)
τὸν ἥλιον **αὐτοῦ**	(마 5:45)	τὸ πρόσωπόν **σου**	(마 6:17)
τὸ φῶς **ὑμῶν**	(마 5:16)	τὸν πατέρα **ὑμῶν**	(마 5:16)
τὴν θύραν **σου**	(마 6:6)	τὰ ὀφειλήματα **ἡμῶν**	(마 6:12)
ὁ θησαυρός **σου**	(마 6:21)	ἡ καρδία **σου**	(마 6:21)
ὁ ὀφθαλμός **σου**	(마 6:23)	τῇ ψυχῇ **ὑμῶν**	(마 6:25)
τῷ σώματι **ὑμῶν**	(마 6:25)	τῇ δόξῃ **αὐτοῦ**	(마 6:29)
τὴν δικαιοσύνην **αὐτοῦ**	(마 6:33)	ἡ κακία **αὐτῆς**	(마 6:34)
τοῦ ἀδελφοῦ **σου**	(마 7:3)	τοῦ ὀφθαλμοῦ **σου**	(마 7:4)
τοὺς μαργαρίτας **ὑμῶν**	(마 7:6)	τοῖς ποσὶν **αὐτῶν**	(마 7:6)
ὁ υἱὸς **αὐτοῦ**	(마 7:9)	τοῦ πατρός **μου**	(마 7:21)
ἡ πτῶσις **αὐτῆς**	(마 7:27)	τῇ διδαχῇ **αὐτοῦ**	(마 7:28)
οἱ γραμματεῖς **αὐτῶν**	(마 7:29)	τὸ στόμα **αὐτοῦ**	(마 5:2)

5. 전치사 다음에는 강조형 인칭대명사를 사용한다.

ἐκ μου → ἐξ **ἐμοῦ** ἕνεκεν ἐμοῦ (마 5:11)
ἀπό μου → ἀπ' **ἐμοῦ**
διά μου → δι' **ἐμοῦ**
ἐν μοι → ἐν **ἐμοί**

그러나 πρός με는 흔히 사용된다. (비교, 요 6:45 πρὸς **ἐμέ**)

μετ' αὐτοῦ (마 5:18, 40) ἀπὸ σοῦ (마 5:29, 30, 42)
καθ' ὑμῶν (마 5:11)

6. 속격 인칭대명사는 관사 + 명사 앞에 놓일 수 있다.

ὑμῶν ἡ δικαιοσύνη (마 5:20), σου τὴν κεφαλὴν (마 6:17)
μου τοὺς λόγους τούτους (마 7:24, 26)

7. 소유의 뜻을 강조할 때 인칭대명사 속격 대신 소유형용사를 사용한다.

ἐμός	나의
σός	너의
ἡμέτερος	우리의
ὑμέτερος	너희의

ὁ **ἐμὸς** λόγος
ἡ χαρὰ ἡ **ἐμή**
τὸ θέλημα τὸ **ἐμόν**
ὁ **ἡμέτερος** λόγος
ἡ **ὑμέτερα** χαρά

8. αὐτός, αὐτή, αὐτό 의 특별 용법

a. 명사를 강조하는 역할(-self)을 할 경우: 서술적 위치를 갖는다(즉, 관사 없이 사용된다).

① the apostle himself ὁ ἀπόστολος **αὐτός** (명사 뒤)
αὐτὸς ὁ ἀπόστολος (관사 앞)
※ 비교, ὁ ἀπόστολος **αὐτου** (his apostle)
② the church itself ἡ ἐκκλησία **αὐτή** (명사 뒤)
αὐτὴ ἡ ἐκκλησία (관사 앞)
③ the gift itself τὸ δῶρόν **αὐτό** (명사 뒤)
αὐτὸ τὸ δῶρον (관사 앞)

b. 명사와 함께 '바로 그(the same)'라는 의미로 사용되는 경우, 한정적 위치를 갖는다(즉, 관사와 명사 사이 또는 관사와 함께 사용된다).

ὁ **αὐτὸς** ἀπόστολος → ὁ ἀπόστολος **ὁ αὐτός**
ἡ **αὐτὴ** ἐκκλησία → ἡ ἐκκλησία **ἡ αὐτή**

c. 인칭대명사와 함께 사용하여 인칭대명사를 강조하는 경우

αὐτὸς ἐγὼ λέγω (I myself say)
αὐτὸς σὺ λέγεις (Thou thyself sayest)
αὐτοὶ ἡμεῖς λέγομεν (We ourselves say)
αὐτοὶ ὑμεῖς λέγετε (Ye yourselves say)

d. 동사의 숨은 주어를 강조할 경우

αὐτὸς λέγω
αὐτὸς λέγεις
αὐτοὶ λέγομεν
αὐτοὶ λέγετε

연습문제 6

A. 문법

1. ἡμεῖς의 단수 대격을 쓰시오.
2. σέ의 복수 여격을 쓰시오.
3. ὑμῶν의 단수 속격을 쓰시오.
4. αὐτός의 중성 복수 대격을 쓰시오.
5. αὐτός의 여성 단수 속격을 쓰시오.

B. 아래 문장을 우리말로 옮기시오.

1. **ἐγὼ** ἐβάπτισα **ὑμᾶς** ὕδατι, **αὐτὸς** δὲ βαπτίσει **ὑμᾶς** ἐν πνεύματι ἁγίῳ. (막 1:8)
2. ὁ δὲ εἶπεν **αὐτῇ**· θυγάτηρ, ἡ πίστις **σου** σέσωκέν **σε**· (막 5:34)
3. ἤνεγκα τὸν υἱόν **μου** πρὸς **σέ**, (막 9:17)
4. Ἤρξατο λέγειν ὁ Πέτρος **αὐτῷ**· ἰδοὺ **ἡμεῖς** ἀφήκαμεν πάντα καὶ ἠκολουθήκαμέν **σοι**. (막 10:28)
5. **αὐτὸς** δὲ Ἰησοῦς οὐκ ἐπίστευεν **αὐτὸν αὐτοῖς** διὰ τὸ **αὐτὸν** γινώσκειν πάντας … (요 2:24)
6. Ἰησοῦς **αὐτὸς** οὐκ ἐβάπτιζεν ἀλλ' οἱ μαθηταὶ **αὐτοῦ** … (요 4:2)
7. Ἐντολὴν καινὴν δίδωμι **ὑμῖν**, ἵνα ἀγαπᾶτε ἀλλήλους, καθὼς ἠγάπησα **ὑμᾶς** ἵνα καὶ **ὑμεῖς** ἀγαπᾶτε ἀλλήλους. (요 13:34)
8. πιστεύετέ **μοι** ὅτι **ἐγὼ** ἐν τῷ πατρὶ καὶ ὁ πατὴρ ἐν **ἐμοί**· εἰ δὲ μή, διὰ τὰ ἔργα **αὐτὰ** πιστεύετε. (요 14:11)
9. ἀναβαίνω πρὸς τὸν πατέρα **μου** καὶ πατέρα **ὑμῶν** καὶ θεόν **μου** καὶ θεὸν **ὑμῶν**. (요 20:17)
10. **αὐτοὶ** λαοὶ **αὐτοῦ** ἔσονται, καὶ **αὐτὸς** ὁ θεὸς μετ' **αὐτῶν** ἔσται … (계 21:3)

18. 지시대명사

A. 변 화

οὗτος, αὕτη, τοῦτο : this

수	격	m.	f.	n.
sg.	N.	οὗτος	αὕτη*	τοῦτο
	A.	τοῦτον	ταύτην	τοῦτο
	G.	τούτου	ταύτης	τούτου
	D.	τούτῳ	ταύτῃ	τούτῳ
pl.	N.	οὗτοι	αὗται	ταῦτα
	A.	τούτους	ταύτας	ταῦτα
	G.	τούτων	τούτων	τούτων
	D.	τούτοις	ταύταις	τούτοις

1. 강세: 종음절이 짧으면, 전종음절에 서컴플렉스(ˆ). * αὐτή (she)와 비교

   종음절이 길면, 전종음절에 애큐트(ˊ).

2. ο (ω) → του ; α 또는 η → ταυ

ἐκεῖνος, ἐκείνη, ἐκεῖνο : that

수	격	m.	f.	n.
sg.	N.	ἐκεῖνος	ἐκείνη	ἐκεῖνο*
	A.	ἐκεῖνον	ἐκείνην	ἐκεῖνο*
	G.	ἐκείνου	ἐκείνης	ἐκείνου
	D.	ἐκείνῳ	ἐκείνῃ	ἐκείνῳ
pl.	N.	ἐκεῖνοι	ἐκεῖναι	ἐκεῖνα
	A.	ἐκείνους	ἐκείνας	ἐκεῖνα
	G.	ἐκείνων	ἐκείνων	ἐκείνων
	D.	ἐκείνοις	ἐκείναις	ἐκείνοις

* 형용사 변화(-ον)와 비교해 보라.

B. 용법

1. οὗτος와 ἐκεῖνος가 명사와 함께 사용될 때, 뜻은 한정적이나 서술적인 위치에 놓인다. 이때 명사는 반드시 관사를 갖는다.

οὗτος ὁ λόγος ὁ λόγος οὗτος	this word
ἐκεῖνος ὁ λόγος ὁ λόγος ἐκεῖνος	that word
οὗτοι οἱ λόγοι οἱ λόγοι οὗτοι	these words
ἐκεῖνοι οἱ λόγοι οἱ λόγοι ἐκεῖνοι	those words
οὗτος ὁ καλὸς λόγος ὁ καλὸς λόγος οὗτος	This good word

2. 명사 없이 단독으로 쓰일 경우

οὗτος	this man or this person
αὕτη	this woman
τοῦτο	this thing
οὗτοι	these men or these persons
αὗται	these women
ταῦτα	these things

3. 서술적 용법

οὗτός ἐστιν ὁ υἱὸς μου ὁ ἀγαπητός, This is my beloved son, (마 3:17)

19. 형용사, 대명사의 중요한 용법

1. the good word	ὁ καλὸς λόγος 또는 ὁ λόγος ὁ καλός
2. The word is good.	ὁ λόγος καλός. 또는 καλὸς ὁ λόγος.
3. this word	οὗτος ὁ λόγος 또는 ὁ λόγος οὗτος
4. that word	ἐκεῖνος ὁ λόγος 또는 ὁ λόγος ἐκεῖνος
5. the word itself	αὐτὸς ὁ λόγος 또는 ὁ λόγος αὐτός
6. the same word	ὁ αὐτὸς λόγος 또는 ὁ λόγος ὁ αὐτός
7. my word	ὁ λόγος μου
8. his word	ὁ λόγος αὐτοῦ
9. I see him.	βλέπω αὐτόν.
10. I see this man.	βλέπω τοῦτον.
11. I see these things.	βλέπω ταῦτα.

20. 마태복음 5-7 장의 전치사구

번호	구 절	장절	뜻	성	수	격	명사. 단수. 주격	비 고
1	εἰς τὸ ὄρος	5:1						
2	ἕνεκεν δικαιοσύνης	5:10						
3	ὑπὸ τῶν ἀνθρώτων	5:13						
4	ὑπὸ τὸν μόδιον	5:15						
5	ἐπὶ τὴν λυχνίαν	5:15						
6	ἐν τῇ οἰκίᾳ	5:15						
7	ἔμπροσθεν τῶν ἀνθρώπων	5:16						6:1
8	ἐν τοῖς οὐρανοῖς	5:16						
9	ἀπὸ τοῦ νόμου	5:18						
10	ἐν τῇ βασιλείᾳ (τῶν οὐρανῶν)	5:19						
11	εἰς τὴν βασιλείαν (τῶν οὐρανῶν)	5:20						
12	εἰς τὴν γέενναν (τοῦ πυρός)	5:22						
13	ἐπὶ τὸ θυσιαστήριον	5:23						
14	ἔμπροσθεν τοῦ θυσιαστηρίου	5:24						
15	πρὸς τὸ ἐπιθυμῆσαι	5:28						

번호	구 절	장절	뜻	성	수	격	명사. 단수. 주격	비 고
16	ἐν τῇ καρδίᾳ αὐτοῦ	5:28						
17	εἰς γέενναν	5:29, 30						
18	ἐν τῷ οὐρανῷ	5:34						
19	ἐκ τοῦ πονηροῦ	5:37						
20	εἰς τὴν δεξιὰν σιαγόνα σου	5:39						
21	ὑπὲρ τῶν διωκόντων	5:44						
22	ἐν οὐρανοῖς	5:45						
23	ἐπὶ πονηροὺς καὶ ἀγαθοὺς	5:45						
24	ἐπὶ δικαίους καὶ ἀδίδους	5:45						
25	πρὸς τὸ θεαθῆναι	6:1						
26	παρὰ τῷ πατρὶ ὑμῶν	6:1						
27	ἐν τοῖς οὐρανοῖς	6:1						6:9
28	ἐν ταῖς συναγωγαῖς	6:2						6:5
29	ἐν ταῖς ῥύμαις	6:2						
30	ὑπὸ τῶν ἀνθρώπων	6:2						
31	ἐν τῷ κρυπτῷ	6:4						6:6
32	ἐν ταῖς γωγίαις (τῶν πλατειῶν)	6:5						
33	εἰς τὸ ταμεῖόν σου	6:6						

번호	구 절	장절	뜻	성	수	격	명사. 단수. 주격	비 고
34	ἐν τῇ πολυλογίᾳ αὐτῶν	6:7						
35	ἐν οὐρανῷ	6:10						
36	ἐπὶ γῆς	6:10						
37	ἀπὸ τοῦ πονηροῦ	6:13						
38	ἐν τῷ κρυφαίῳ ·· ἐν τῷ κρυφαίῳ	6:18						
39	ἐπὶ τῆς γῆς	6:19						
40	εἰς τὰ πετεινὰ (τοῦ οὐρανοῦ)	6:26						
41	εἰς ἀποθήκας	6:26						
42	ἐπὶ τὴν ἡλικίαν αὐτοῦ	6:27						
43	περὶ ἐνδύματος	6:28						
44	εἰς κλίβανον	6:30						
45	εἰς τὴν αὔριον	6:34						
46	ἐν ᾧ κρίματι	7:2						
47	ἐν ᾧ μέτρῳ	7:2						
48	ἐν τῷ ὀφθαλμῷ	7:3						
49	ἐν τῷ σῷ ὀφθαλμῷ	7:3						
50	ἐκ τοῦ ὀφθαλμοῦ σου	7:4, 5						
51	ἐν τῷ ὀφθαλμῷ σοῦ;	7:4						

번호	구 절	장절	뜻	성	수	격	명사. 단수. 주격	비 고
52	ἐκ τοῦ ὀφθαλμοῦ (τοῦ ἀδελφοῦ σου)	7:5						
53	ἔμπροσθεν τῶν χοίρων	7:6						
54	ἐν τοῖς ποσὶν αὐτῶν	7:6						
55	ἐν τοῖς οὐρανοῖς	7:11						7:21
56	διὰ τῆς στενῆς πύλης	7:13						
57	εἰς τὴν ἀπώλειαν	7:13						
58	εἰς τὴν ζωὴν	7:14						
59	ἀπὸ τῶν ψευδοπροφητῶν	7:15						
60	ἐν ἐνδύμασιν	7:15						
61	ἀπὸ τῶν καρπῶν αὐτῶν	7:16						
62	ἀπὸ ἀκανθῶν	7:16						
63	ἀπὸ τριβόλων	7:16						
64	ἀπὸ τῶν καρπῶν αὐτῶν	7:20						
65	εἰς τὴν βασιλείαν τῶν οὐρανῶν	7:21						
66	ἐπὶ τὴν πέτραν	7:24, 25						
67	ἐπὶ τὴν ἄμμον	7;26						
68	ἐπὶ τῇ διδαχῇ αὐτοῦ	7:28						

번호	구 절	장절	뜻	성	수	격	명사. 단수. 주격	비 고
1	καθ' ὑμῶν	5:11						
2	ἕνεκεν ἐμοῦ	5:11						
3	πρὸ ὑμῶν	5:12						
4	ἐν τίνι	5:13						
5	μετ' αὐτοῦ	5:25						5:41
6	ἀπὸ σοῦ	5:29						5:30, 42
7	πρὸ τοῦ	6:8						
8	ἐν σοὶ	6:23						
9	Διὰ τοῦτο	6:25						
10	ἐξ ὑμῶν	6:27						7:9
11	ἐν πάσῃ τῇ δόξῃ αὐτοῦ	6:29						
12	πρὸς ὑμᾶς	7:15						
13	ἀπ' ἐμοῦ	7:23						

21. 지시대명사의 용례

1. μίαν τῶν ἐντολῶν **τούτων** (마 5:19)
2. ὡς ἓν **τούτων** (마 6:29)
3. πάντα γὰρ **ταῦτα** τὰ ἔθνη ἐπιζητοῦσιν· (마 6:32)
4. ὅτι χρῄζετε **τούτων** ἁπάντων. (마 6:32)
5. καὶ **ταῦτα** πάντα προστεθήσεται ὑμιν. (마 6:33)
6. ἐν **ἐκείνῃ** τῇ ἡμέρᾳ (마 7:22)
7. Πᾶς οὖν ὅστις ἀκούει μου τοὺς λόγους **τούτους** (마 7:24)
8. καὶ προσέπεσαν τῇ οἰκίᾳ **ἐκείνῃ,** (마 7:25, 27)
9. ὅτε ἐτέλεσεν ὁ Ἰησοῦς τοὺς λόγους **τούτους,** (마 7:28)

22. 후치(postpositive) 접속사

후치 접속사는 문장의 처음에 놓일 수 없으며, 대개 문두의 두 번째 위치에 놓인다.

γάρ : for

οὖν : therefore

δέ : but, and

23. 전접어(proclitic)

ὁ, ἡ, οἱ, αἱ (이상 관사)와 ἐν, εἰς, ἐκ와 같이 강세가 없는 단음절 단어로 뒤따르는 낱말과 밀접하게 관련되어 있다.

24. 후접어(enclitic)

선행하는 낱말에 밀접하게 연결된 단어로 보통은 강세를 가지지 않는다.

A. 선행어의 강세

1. 선행어의 마지막 음절의 애큐트는 그레이브로 변하지 않는다.

   ἀδελ**φός** μου

2. 선행어의 전전종음절(antepenult)에 애큐트가 있거나 전종음절(penult)에 서컴플렉스가 있을 경우 종음절(ultima)에 애큐트가 덧붙는다.

ἄνθρωπ**ός** μου	δῶρ**όν** σου
ἄνθρωπ**ός** ἐστιν	δῶρ**όν** ἐστιν
τὸ θέλη**μά** σου (마 6:10)	τὸ πρόσωπ**όν** σου (마 6:17)

3. 선행어가 전접어이거나 다른 후접어일 때 종음절(ultima)에 애큐트가 붙는다.

   εἴς με　　　ἄνθρωπός **μού** ἐστιν

B. 후접어의 강세

1. 선행어(종음절에 애큐트가 있는) + 두 음절의 후접어일 경우: 후접어는 본래의 강세를 갖는다.

   ὥρα　ἐστίν　(___´ ___ ‖ ___ ___´)

※ εἰμί의 현재 직설법 변화에서 εἶ를 제외하고는 모두 후접어이다.

2. 후접어를 강조할 때 또는 후접어로 절이 시작될 때: 후접어는 본래의 강세를 갖는다.

연습문제 7

A. 문법

1. οὗτος의 여성 복수 속격을 쓰시오.
2. ταύτῃ의 중성 단수 대격을 쓰시오.
3. ταῦτα의 남성 단수 여격을 쓰시오.
4. τούτῳ의 여성 복수 주격을 쓰시오.
5. ἐκεῖνος의 중성 단수 대격을 쓰시오.
6. ἐκείνῃ의 남성 복수 속격을 쓰시오.

B. 아래 문장을 우리말로 옮기시오.

1. καὶ ἔλεγον αὐτῷ· ἐν ποίᾳ ἐξουσίᾳ **ταῦτα** ποιεῖς; ἢ τίς σοι ἔδωκεν τὴν ἐξουσίαν **ταύτην** ἵνα **ταῦτα** ποιῇς; (막 11:28)
2. Περὶ δὲ τῆς ἡμέρας **ἐκείνης** ἢ τῆς ὥρας οὐδεὶς οἶδεν, οὐδὲ οἱ ἄγγελοι ἐν οὐρανῷ οὐδὲ ὁ υἱός, εἰ μὴ ὁ πατήρ. (막 13:32)
3. ἀληθῶς **οὗτος** ὁ ἄνθρωπος υἱὸς θεοῦ ἦν. (막 15:39)
4. οὐκ ἦν **ἐκεῖνος** τὸ φῶς, (요 1:8)
5. καὶ διὰ **τοῦτο** ἐδίωκον οἱ Ἰουδαῖοι τὸν Ἰησοῦν, ὅτι **ταῦτα** ἐποίει ἐν σαββάτῳ. (요 5:16)
6. **Ταῦτα** εἶπεν ἐν συναγωγῇ … (요 6:59)
7. ἐν **ἐκείνῃ** τῇ ἡμέρᾳ γνώσεσθε ὑμεῖς ὅτι ἐγὼ ἐν τῷ πατρί μου καὶ ὑμεῖς ἐν ἐμοὶ κἀγὼ ἐν ὑμῖν … (요 14:20)
8. **Αὕτη** ἐστὶν ἡ ἐντολὴ ἡ ἐμή … (요 15:12)
9. ἡ βασιλεία ἡ ἐμὴ οὐκ ἔστιν ἐκ τοῦ κόσμου **τούτου**· (요 18:36)

25. 요한복음의 ἐγώ εἰμι

ἐγώ εἰμι + 은유 (metaphor)

1. **ἐγώ εἰμι** ὁ ἄρτος τῆς ζωῆς· (요 6:35)
2. **ἐγώ εἰμι** τὸ φῶς τοῦ κόσμου· (요 8:12)
3. **ἐγώ εἰμι** ἡ θύρα τῶν προβάτων. (요 10:7)
4. **ἐγώ εἰμι** ἡ ἀνάστασις καὶ ἡ ζωή· (요 11:25)
5. **ἐγώ εἰμι** ὁ ποιμὴν ὁ καλός. (요 10:11)
6. **ἐγώ εἰμι** ἡ ὁδὸς καὶ ἡ ἀλήθεια καὶ ἡ ζωή· (요 14:6)
7. **ἐγώ εἰμι** ἡ ἄμπελος ἡ ἀληθινὴ. (요 15:1)

인칭대명사 + εἰμι

1. **αὐτός ἐστιν** ὁ χριστός. (마 16:20)
2. **ἡμεῖς** γάρ **ἐσμεν** ἡ περιτομή, (빌 3:3)
3. **συ εἶ** ὁ υἱός μου ὁ ἀγαπητός, (막 1:11)
4. **ὑμεῖς** φίλοι μού **ἐστε** … (요 15:14)
5. **ἐγώ εἰμι** τὸ ἄλφα καὶ τὸ ὦ, (계 21:6)

※ μακάριοί **εἰσιν** ἐκεῖνοι(지시대명사), (눅 12:38)

26. 현재 중간태/수동태 직설법 변화

A. 중간태

1. 제 1 시상 중간태와 수동태 인칭어미

- μαι,	- σαι,	- ται,	- μεθα,	- σθε,	- νται

※ 현재 시제에서는 줄기와 인칭꼬리 사이에 가변모음 ο / ε 가 붙는다.

2. 변화

수	P.	변 화	뜻
sg.	1.	λύ ο μαι	I loose(am loosing) for myself.
	2.	λύ ῃ*	thou loosest(art loosing) for thyself.
	3.	λύ ε ται	He looses(is loosing) for himself.
pl.	1.	λυ ό μεθα	we loose(are loosing) for ourselves.
	2.	λύ ε σθε	Ye loose(are loosing) for yourselves.
	3.	λύ ο νται	they loose(are loosing) for themselves.

* 2.P.sg. λύεσαι → λύῃ로 짧아진다(신약성경 외에는 간혹 λύει로 쓰임).

B. 수동태

수	P.	변 화	뜻
sg.	1.	λύ ο μαι	I am loosed(being loosed).
	2.	λύ ῃ*	Thou art loosed(being loosed).
	3.	λύ ε ται	he is loosed(being loosed).
pl.	1.	λυ ό μεθα	we are loosed(being loosed).
	2.	λύ ε σθε	ye are loosed(being loosed).
	3.	λύ ο νται	they are loosed(being loosed).

27. λύω 동사의 중간태 직설법

시상	시제	인칭	줄 기	단 수	복 수	비 고
제 1 시 상	현재	1	λυ	λύ ο μαι	λυ ό μεθα	
		2		λύ ῃ*	λύ ε σθε	
		3		λύ ε ται	λύ ο *νται	
	미래	1	λύ σ * aorist 와 비교	λύ σ ο μαι	λυ σ ό μεθα	수동태와 비교 수동태의 줄기: λυθησ-
		2		λύ σ ῃ	λύ σ ε σθε	
		3		λύ σ ε ται	λύ σ ο νται	
	현재완료	1	λε λυ	λέ λυ μαι	λέ λυ μεθα	수동태와 동일
		2		λέ λυ σαι	λέ λυ σθε	
		3		λέ λυ ται	λέ λυ νται	
제 2 시 상	미완료	1	ἐ λυ	ἐ λυ ό μην	ἐ λυ ό μεθα	수동태와 동일
		2		ἐ λύ ου	ἐ λύ ε σθε	
		3		ἐ λύ ε *το	ἐ λύ ο *ντο	
	단순과거	1	ἐ λυ σ	ἐ λυ σ ά μην	ἐ λυ σ ά μεθα	수동태와 비교 *수동태의 줄기: λυθη-
		2		ἐ λύ σ ω	ἐ λύ σ α σθε	
		3		ἐ λύ σ α το	ἐ λύ σ α ντο	
	과거완료	1	ἐ λε λυ	ἐ λε λύ μην	ἐ λε λύ μεθα	수동태와 동일
		2		ἐ λέ λυ σο	ἐ λέ λυ σθε	
		3		ἐ λέ λυ το	ἐ λέ λυ ντο	

28. λύω 동사의 수동태 직설법

시상	시제	인칭	줄 기	단 수	복 수	비 고
제 1 시 상	현재	1	λυ	λύ ο μαι	λυ ό μεθα	현재중간태 직설법과 동일한 변화
		2		λύ *ῃ	λυ έ σθε	
		3		λύ ε ται	λύ ο νται	
	미래	1	λυ θησ	λυ θήσ ο μαι	λυ θησ ό μεθα	제1시상 수동태 인칭어미 -μαι -μεθα -σαι -σθε -ται -νται
		2		λυ θήσ *ῃ	λυ θήσ ε σθε	
		3	* aorist 와 비교	λυ θήσ ε ται	λυ θήσ ο νται	
	현재완료	1	λε λυ	λέ λυ μαι	λε λύ μεθα	중간태와 동일
		2		λέ λυ σαι	λέ λυ σθε	
		3		λέ λυ ται	λέ λυ νται	
제 2 시 상	미완료	1	ἐ λυ	ἐ λυ ό μην	ἐ λυ ό μεθα	중간태와 동일
		2		ἐ λύ *ου	ἐ λύ ε σθε	
		3		ἐ λύ ε το	ἐ λύ ο ντο	
	단순과거	1	ἐ λυ θη	ἐ λύ θη *ν	ἐ λύ θη μεν	제2시상 능동태꼬리 -ν -μεν -ς -τε - -σαν
		2		ἐ λύ θη ς	ἐ λύ θη τε	
		3	*λυ + θε : 직설법에서는 θη	ἐ λύ θη	ἐ λύ θη σαν	
	과거완료	1	ἐ λε λυ	ἐ λε λύ μην	ἐ λε λύ μεθα	중간태와 동일
		2		ἐ λέ λυ σο	ἐ λέ λυ σθε	
		3		ἐ λέ λυ το	ἐ λέ λυ ντο	

29. 수동태 문장

1. ὁ ἀπόστολος λύει τὸν δοῦλον. (능동태)

   m.sg.1. 현.능.직 m.sg.4

   ὁ δοῦλος λύεται ὑπὸ τοῦ ἀποστόλου. (수동태)

   m.sg.1. 현.수.직 ὑπὸ + G.

2. ὁ κύριος παίδευει ἡμᾶς. (능동태)

   παιδευόμεθα ὑπὸ τοῦ κυρίου. (수동태)

연습문제 8

A. 문법

1. **ἀκούω** 동사의 현재 중간태/수동태 직설법 변화를 해보시오.
2. 아래 도표의 동사를 분해(parsing)하시오.

변화형 동사	인칭	수	시제	태	법	현재능동태 1인칭단수	의미(뜻)
λύονται							
ἀγόμεθα							
σώζῃ							

B. 아래 문장을 우리말로 옮기시오.

1. τῷ λόγῳ τοῦ κυρίου **ἀγόμεθα** εἰς τὴν ἐκκλησίαν τοῦ θεοῦ.
2. **σῴζωσθε** ὑπὸ τοῦ θεοῦ ἀπὸ τῶν ἁμαρτιῶν ὑμῶν.
3. **διδάσκομαι** τοῖς ἀποστόλοις τοῦ κυρίου.
4. Καὶ **συνάγονται** οἱ ἀπόστολοι πρὸς τὸν Ἰησοῦν καὶ ἀπήγγειλαν αὐτῷ πάντα … (막 6:30)
5. τίς **δύναται** σωθῆναι; (막 10:26)

30. 부정어 οὐ (직설법의 부정)

A. 위치: 부정하는 단어 앞

B. 형태

1. 자음으로 시작되는 단어 앞: **οὐ**
2. 연한숨표(’)를 가진 모음으로 시작되는 단어 앞: **οὐκ**
3. 거친숨표(‘) 가진 모음으로 시작되는 단어 앞: **οὐχ**

C. 강세 없는 단어(atona)이며, 전접어(proclitic)이다.

οὐ λύω (I do not loose) ; **οὐκ** ἐγὼ ἀλλὰ σύ (not I but you)

※ 명령법, 가정법, 희구법과 부정사, 분사의 경우: μή

ὁ **μὴ** πιστεύων οὐ σῴζεται.

연습문제 9

※ 아래 문장을 우리말로 옮기시오.

1. **Οὐ** πᾶς ὁ λέγων μοι· κύριε κύριε, εἰσελεύσεται εἰς τὴν βασιλείαν τῶν οὐρανῶν, (마 7:21)
2. ἡ μαρτυρία σου **οὐκ** ἔστιν ἀληθής. (요 8:13)
3. ἐν τούτῳ ἐστὶν ἡ ἀγάπη, **οὐχ** ὅτι ἡμεῖς ἠγαπήκαμεν τὸν θεὸν ἀλλ’ ὅτι αὐτὸς ἠγάπησεν ἡμᾶς … (요일 4:10)

31. 디포넌트(deponent) 동사

디포넌트 동사란 형태는 중간태/수동태이나 의미는 능동태인 동사이다.

A. 어미 변화

수	인칭	변 화	수	인칭	변 화
sg.	1.	ἔρχ ο μαι	pl.	1.	ἐρχ ό μεθα
	2.	ἔρχ ῃ*		2.	ἔρχ ε σθε
	3.	ἔρχ ε ται		3.	ἔρχ ο νται

* ἔρχεσαι → ἔρχῃ

B. 디포넌트 동사의 예

ἀποκρίνομαι	(answer)	γίνομαι	(become)
ἔρχομαι	(come/go)	πορεύομαι	(go)
ἀπέρχομαι	(go away, depart)	κατέρχομαι	(come/go down)
δέχομαι	(receive)	προσέρχομαι	(come/go to ; with D.)
κάθημαι	(sit)	συνέρχομαι	(come together)
φοβέομαι	(fear)	προσεύχομαι	(pray)
γίνομαι	(become, come into being, appear in history, I am)	παραγίνομαι	(become present, arrive, come)

연습문제 10

A. 문법

※ 아래 도표의 동사를 분해(parsing)하시오.

변화형 동사	인칭	수	시제	태	법	현재능동태 1인칭단수	의미(뜻)
πορεύῃ							
ἐξέρχονται							
γίνεσθε							

B. 아래 문장을 우리말로 옮기시오.

1. διὰ τοῦτο καὶ ὑμεῖς **γίνεσθε** ἕτοιμοι, ὅτι ᾗ οὐ δοκεῖτε ὥρᾳ ὁ υἱὸς τοῦ ἀνθρώπου **ἔρχεται.** (마 24:44)
2. οὐκ **ἀποκρίνῃ** οὐδέν; (막 15:4)
3. **ἔρχεται** ἡ βασιλεία τοῦ θεοῦ … (눅 17:20)
4. Νυνὶ δὲ **πορεύομαι** εἰς Ἰερουσαλὴμ διακονῶν τοῖς ἁγίοις. (롬 15:25)

32. 합성동사

A. 정의: 전치사+동사가 합성된 동사

B. 형태

1. 전치사 + 자음으로 시작되는 동사: 그대로 붙여 쓴다.

ἀνά	+	βαίνω	→	**ἀναβαίνω**	(go up)
κατά	+	βαίνω	→	**καταβαίνω**	(go down)
ἀντί	+	λέγω	→	**ἀντιλέγω**	(speak against, contradict)
ἀπό	+	δίδωμι	→	**ἀποδίδωμι**	(give back, pay)

2. 전치사 + 모음으로 시작되는 동사: 전치사의 모음이 생략된다.

a. 전치사 + 연한 숨표(')로 시작되는 동사

ἀνά	+	ἔρχομαι	→	**ἀνέρχομαι**	(go up)
ἀπό	+	ἔχω	→	**ἀπέχω**	(keep away)
διά	+	ἔρχομαι	→	**διέρχομαι**	(go through)
ἐπί	+	ἐρωτάω	→	**ἐπερωτάω**	(question, interrogate)
κατά	+	εὐλογέω	→	**κατευλογέω**	(bless)

b. 전치사 + 거친 숨표(‛)로 시작되는 동사: 전치사의 모음이 사라지고, 전치사의 끝 자음이 체기음으로 변한다(π → φ, τ → θ, κ → χ).

ἀντί	+	ἵστημι	→	**ἀνθίστημι**	(sct against)
ἀπό	+	ἵστημι	→	**ἀφίστημι**	(fall away, keep away)
ἐπί	+	ἵστημι	→	**ἐφίστημι**	(stand by)
κατά	+	ἵστημι	→	**καθίστημι**	(take, put in charge)

예 외

περί	+	ἔχω	→	περιέχω	(surround)
περί	+	ἵστημι	→	περΐστημι	(stand around)
πρό	+	εἶπον	→	προεῖπον	(foretell)
πρό	+	ἡγέομαι	→	προηγέομαι	(go before)

3. **ἐκ + 모음으로 시작되는 동사: ἐξ**

ἐκ	+	ἀγοράζω	(buy)	→	**ἐξ**αγοράζω	(redeem, deliver)
ἐκ	+	ἡγέομαι	(lead, think)	→	**ἐξ**ηγέομαι	(explain, interpret)

4. **ἐν, σύν + 자음으로 시작되는 동사**

a. 순음(π, β, φ) 앞에서는 ν가 μ로 변화: ἐμ- , συμ-

ἐν	+	μένω	(remain, abide)	→	**ἐμ**μένω	(remain)
ἐν	+	βάλλω	(throw)	→	**ἐμ**βάλλω	(put/set in)
σύν	+	πέμπω	(send)	→	**συμ**πέμπω	(send with)
σύν	+	φέρω	(carry)	→	**συμ**φέρω	(bring together)

b. 후음(κ, γ, χ) 앞에서는 ν가 γ로 변화: ἐγ- , συγ-

ἐν	+	γράφω	→	**ἐγ**γράφω	(write in)
σύν	+	καλέω	→	**συγ**καλέω	(call together)
σύν	+	χαίρω	→	**συγ**χαίρω	(rejoice together with)

c. λ 앞에서는 ν가 λ로 변화: ἐλ- , συλ-

ἐν	+	λείπω	(leave)	→	**ἐλ**λείπω	(leave off)
σύν	+	λέγω		→	**συλ**λέγω	(collect, gather)

d. 치찰음(σ, ζ) 앞에서는 ν가 없어진다.

σύν	+	ζητέω	(seek)	→	**συ**ζητέω	(discuss)
σύν	+	στρέφω	(turn)	→	**συ**στρέφω	(gather up)

C. 의미

1. 합성동사에서 전치사의 본래적인 뜻이 남아 있는 경우

ἐκ	(out)	+ πορεύομαι	(go)	→	**ἐκπορεύομαι**	(go out)
διά	(through)	+ ἔρχομαι	(come/go)	→	**διέρχομαι**	(go through)
ἐκ	(out)	+ ἔρχομαι		→	**ἐξέρχομαι**	(come out)
εἰς	(into)	+ ἔρχομαι		→	**εἰσέρχομαι**	(go into, enter)

2. 동사의 뜻을 강화하거나 완성하는 경우

ἀπό	+ λύω	→	**ἀπολύω**	(release)

3. 동사의 뜻을 변경하는 경우

ἀνά	+ γινώσκω	(know)	→	**ἀναγινώσκω**	(read)
ἀπό	+ κρίνομαι		→	**ἀποκρίνομαι**	(answer, reply)

연습문제 11

※ 아래 문장을 우리말로 옮기시오.

1. **ἔκβαλε** πρῶτον ἐκ τοῦ ὀφθαλμοῦ σοῦ τὴν δοκόν, (마 7:5)
2. οὐδεὶς **ἐπιγινώσκει** τὸν υἱὸν εἰ μὴ ὁ πατήρ, οὐδὲ τὸν πατέρα τις **ἐπιγινώσκει** εἰ μὴ ὁ υἱὸς … (마 11:27)
3. ἕως αὐτὸς **ἀπολύει** τὸν ὄχλον. (막 6:45)
4. ὅτι ἰδοὺ **ἀναβαίνομεν** εἰς Ἱεροσόλυμα, καὶ ὁ υἱὸς τοῦ ἀνθρώπου **παραδοθήσεται** τοῖς ἀρχιερεῦσιν καὶ τοῖς γραμματεῦσιν, καὶ **κατακρινοῦσιν** αὐτὸν θανάτῳ καὶ **παραδώσουσιν** αὐτὸν τοῖς ἔθνεσιν … (막 10:33)
5. **συνάγει** καρπὸν εἰς ζωὴν αἰώνιον, (요 4:36)

33. 동사의 격지배

A. 4 격(대격) 지배

ἀκούω **τὴν φωνήν.** (I hear the voice.)

B. 3 격(여격) 지배

πιστεύω **τῷ ἀνθρώπῳ.** (I believe the man.)

참조. πιστεύω εἰς τὸν κύριον. (I believe in the Lord.)

ἀποκρίνομαι **τῷ ἀποστόλῳ.** (I answer the apostle.)

C. 2 격(속격) 지배

ἀκούω τῆς φωνῆς. (I hear/obey the voice.)

연습문제 12

※ 아래 문장을 우리말로 옮기시오.

1. **ἄρχω** τῆς βασιλείας.
2. οὗτός ἐστιν ὁ υἱός μου ὁ ἀγαπητός, **ἀκούετε** αὐτοῦ. (막 9:7)
3. εἶπεν δὲ αὐτῷ· εἰ Μωϋσέως καὶ τῶν προφητῶν οὐκ **ἀκούουσιν**, οὐδ' ἐάν τις ἐκ νεκρῶν ἀναστῇ πεισθήσονται. (눅 16:31)
4. λέγει αὐτῇ ὁ Ἰησοῦς· **πίστευέ** μοι, γύναι, ὅτι ἔρχεται ὥρα ὅτε οὔτε ἐν τῷ ὄρει τούτῳ οὔτε ἐν Ἱεροσολύμοις προσκυνήσετε τῷ πατρί. (요 4:21)
5. διὰ τί ὑμεῖς οὐ **πιστεύετέ** μοι; (요 8:46)

34. λύω 동사의 직설법

시제	수	인칭	능동태	중간태	수동태
현재	sg.	1.	λύ ω	λύ ο μαι	중간태와 동일
		2.	λύ εις	λύ η*	
		3.	λύ ει	λύ ε ται	
	pl.	1.	λύ ο μεν	λυ ό μεθα	
		2.	λύ ε τε	λύ ε σθε	
		3.	λύ ου σι(ν)	λύ ο νται	
미래	sg.	1.	λύ σ ω	λύ σ ο μαι	λυ θήσ ο μαι
		2.	λύ σ εις	λύ σ η*	λυ θήσ η
		3.	λύ σ ει	λύ σ ε ται	λυ θήσ ε ται
	pl.	1.	λύ σ ο μεν	λυ σ ό μεθα	λυ θησ ό μεθα
		2.	λύ σ ε τε	λύ σ ε σθε	λυ θήσ ε σθε
		3.	λύ σ ου σι(ν)	λύ σ ο νται	λυ θήσ ο νται
현재완료	sg.	1.	λέ λυ κ α	λέ λυ μαι	중간태와 동일
		2.	λέ λυ κ α ς	λέ λυ σαι	
		3.	λέ λυ κ ε (ν)	λέ λυ ται	
	pl.	1.	λε λύ κ α μεν	λε λύ μεθα	
		2.	λε λύ κ α τε	λέ λυ σθε	
		3.	λε λύ κ α σι(ν)/ν	λέ λυ νται	
미완료	sg.	1.	ἔ λυ ο ν	ἐ λυ ό μην	중간태와 동일
		2.	ἔ λυ ε ς	ἐ λύ ου	
		3.	ἔ λυ ε (ν)	ἐ λύ ε το	
	pl.	1.	ἐ λύ ο μεν	ἐ λυ ό μεθα	
		2.	ἐ λύ ε τε	ἐ λύ ε σθε	
		3.	ἔ λυ ο ν	ἐ λύ ο ντο	
단순과거	sg.	1.	ἔ λυ σ α	ἐ λυ σ ά μην	ἐ λύ θη ν
		2.	ἔ λυ σ α ς	ἐ λύ σ ω	ἐ λύ θη ς
		3.	ἔ λυ σ ε (ν)	ἐ λύ σ α το	ἐ λύ θη
	pl.	1.	ἐ λύ σ α μεν	ἐ λυ σ ά μεθα	ἐ λύ θη μεν
		2.	ἐ λύ σ α τε	ἐ λύ σ α σθε	ἐ λύ θη τε
		3.	ἔ λυ σ α ν	ἐ λύ σ α ντο	ἐ λύ θη σαν
과거완료	sg.	1.	ἐ λε λύ κ ει ν	ἐ λε λύ μην	중간태와 동일
		2.	ἐ λε λύ κ ει ς	ἐ λέ λυ σο	
		3.	ἐ λε λύ κ ει	ἐ λέ λυ το	
	pl.	1.	ἐ λε λύ κ ει μεν	ἐ λε λύ μεθα	
		2.	ἐ λε λύ κ ει τε	ἐ λέ λυ σθε	
		3.	ἐ λε λύ κ ει σαν	ἐ λέ λυ ντο	

35. 마태복음 5-7 장 동사 분해(parsing)

번호	동사	인칭	수	시제	태	법	1 인칭 단수 현재형	뜻	장절	비 고
1	ἐστιν			pres.	act.	ind.			5:3	5:10; 6:21; 7:13
2	ἐστε								5:11	
3	ἰσχύει								5:13	
4	καίουσιν								5:15	
5	τιθέασιν								5:15	
6	λάμπει								5:15	
7	εἶ								5:25	
8	συμφέρει								5:29	
9	ποιεῖ								5:32	6:3; 7:17, 24
10	ῥαπίζει								5:39	
11	ἀνατέλλει								5:45	
12	βρέχει								5:45	
13	ἔχετε								5:46	6:1, 8
14	ποιοῦσιν								5:46	6:2
15	ποιεῖτε								5:47	

번호	동사	인칭	수	시제	태	법	1 인칭 단수 현재형	뜻	장절	비 고
16	ἀπέχουσιν								6:2	6:5, 16
17	φιλοῦσιν								6:5	
18	δοκοῦσιν								6:7	
19	ἀφανίζουσιν								6:16	
20	διαρύσσουσιν								6:19	
21	κλέπτουσιν								6:19	
22	ἀφανίζει								6:19	
23	καταφρονήσει								6:24	
24	θερίζουσιν								6:26	
25	συνάγουσιν								6:26	
26	τρέφει								6:26	
27	διαφέρετε								6:26	
28	σπείρουσιν								6:26	
29	μεριμνᾶτε								6:28	
30	αὐξάνουσιν								6:28	
31	κοπιῶσιν								6:28	
32	νήθουσιν								6:28	
33	ἀμφιέννυσιν								6:30	

번호	동사	인칭	수	시제	태	법	1 인칭 단수 현재형	뜻	장절	비 고
34	ἐπιζητοῦσιν								6:32	
35	χρῄζετε								6:32	
36	ζητεῖτε								6:33	
37	βλέπεις								7:3	
38	κατανοεῖς								7:3	
39	λαμβάνει								7:8	
40	εἰσιν								7:13	
41	συλλέγουσιν								7:16	
42	ἀκούει								7:24	
1	κληρονομήσουσιν								5:5	fut.act.ind. 5:9
2	φονεύσεις								5:21	
3	μοιχεύσεις								5:27	
4	ἰπιορκήσεις								5:33	
5	ἀποδώσεις								5:33	
6	ἀγγαρεύσει								5:41	
7	ἀγαπήσεις								5:43	
8	μισήσεις								5:43	

번호	동사	인칭	수	시제	태	법	1인칭 단수 현재형	뜻	장절	비 고
9	ἀποδώσει								6:4	6:6, 18
10	ἀφήσει								6:14	
11	μισήσει								6:24	
12	ἀγαπήσει								6:24	
13	μεριμνήσει								6:34	
14	ἐρεῖς								7:4	
15	διαβλέψεις								7:5	
16	καταπατήσουσιν								7:6	
17	εὑρήσετε								7:7	
18	αἰτήσει								7:9	
19	ἐπιδώσει								7:9	
20	δώσει								7:11	
21	ἐροῦσιν								7:22	
22	ὁμολογήσω								7:23	

36. 미완료 능동태 직설법

A. 미완료(imperfect) : 과거의 계속된 동작 또는 반복된 동작

비교. 단순과거(aorist) 혹은 부정과거(ἀ + ὁριστός: undefined)

ἔλυσα : 1) I loosed (the simple past tense)
2) I have loosed (the perfect tense)
문맥에 따라 1) 또는 2)로 해석한다.

ἔλυον : 1) I was loosing 또는 2) I used to loose

λύω : 1) I loose 또는 2) I am loosing

B. 형태

1. 현재줄기 λυ- 를 찾고,
2. 접두모음(augment)을 붙이는데, 자음으로 시작하는 줄기의 경우는 ἐ를 붙인다.
3. 제 2 시상의 능동태 인칭꼬리를 붙인다.

- ν, - ς, 無, - μεν, - τε, - ν / - σαν

4. 줄기와 꼬리 사이에 가변모음 ο / ε (μ, ν 앞에서는 ο, 그외에는 ε)를 붙인다.
5. 동사의 강세 법칙대로 강세를 둔다.

a. ´___ ___ ___ 종음절이 짧으면, 전전종음절에 애큐트

b. ___ ´___ ______ 종음절이 길면, 전종음절에 애큐트

수	인칭	변 화	뜻
sg.	1.	ἔ λυ ο ν	I was loosing
	2.	ἔ λυ ε ς	thou wast loosing
	3.	ἔ λυ ε (ν)*	he was loosing (* movable ν)
pl.	1.	ἐ λύ ο μεν	we were loosing
	2.	ἐ λύ ε τε	ye were loosing
	3.	ἔ λυ ο ν	they were loosing

C. 접두모음(augment) 붙이기

1. 동사의 현재줄기가 자음으로 시작하는 경우: ἐ

2. 모음으로 시작하는 경우: 길어진다(ἀ, ἐ → ἠ ; ο → ὠ)

ἀ	—	ἀκούω	—	ἤκουον	I was hearing
ἐ	—	ἐγείρω	—	ἤγειρον	I was raising up
ὀ	—	ὀφείλω	—	ὤφειλον	I was indebted
ἰ		그대로			
αἰ	—	αἰτέω	—	ᾔτουν	I was asking (for)
εἰ		그대로			
οἰ	—	οἰκοδομέω	—	ᾠκοδόμουν	I was building
αὐ	—	αὐξάνω	—	ηὔξησα	(단순과거) I grew
εὐ	—	εὑρίσκω	—	ηὕρισκον	I was finding

3. 합성동사의 접두모음: 전치사 + ϵ + 동사

ἐκβάλλω	ἐξέβαλλον	I was throwing out
ἀποκτείνω	ἀπέκτεινον	I was killing
ἀπάγω	ἀπῆγον	I was leading

4. εἰμί의 미완료 직설법

a. 모두 ἠ로 시작한다.

b. 제 2 시상 어미를 취한다.

c. 강세에서 특징: 1 인칭 단수만 ἤ이다.

인칭	sg.		pl.	
1.	ἤ μην	I was	ἦ μεν	we were
2.	ἦ ς	thou wast	ἦ τε	ye were
3.	ἦ ν	he was	ἦ σαν	they were

ἐδίδασκεν	3P.sg.impf.act.ind.	of	διδάσκω	(마 5:2)
ἦν	3P.sg.impf.act.ind.	of	εἰμί	(마 7:27)

연습문제 13

A. 문법

1. ἀποθνῄσκω 동사의 미완료 능동태 직설법 변화를 해보시오.
2. εἰμί의 미완료 직설법 변화를 해보시오.
3. 아래 도표의 동사를 분해(parsing)하시오.

변화형 동사	인칭	수	시제	태	법	현재능동태 1인칭단수	의미(뜻)
ἦς							
κατέβαινον							
ἠσθίετε							

B. 아래 문장을 우리말로 옮기시오.

1. **ἦσαν** γὰρ πολλοὶ καὶ ἠκολούθουν αὐτῷ. (막 2:15)
2. καὶ δαιμόνια πολλὰ **ἐξέβαλλον**, (막 6:13)
3. ὁ Ἰησοῦς εἶπεν· ἄνθρωπός τις **κατέβαινεν** ἀπὸ Ἰερουσαλὴμ εἰς Ἰεριχὼ καὶ λῃσταῖς περιέπεσεν, … (눅 10:30)
4. **Ἤκουον** δὲ ταῦτα πάντα οἱ Φαρισαῖοι φιλάργυροι ὑπάρχοντες καὶ **ἐξεμυκτήριζον** αὐτόν. (눅 16:14)
5. ἐκεῖνος δὲ **ἔλεγεν** περὶ τοῦ ναοῦ τοῦ σώματος αὐτοῦ. (요 2:21)

37. λύω의 미완료 중간태/수동태 직설법

A. 만들기

ἐ	+	λυ	+	ο / ϵ	+	-μην, -σο, -το, -μϵθα, -σθϵ, -ντο
(접두모음)		(동사줄기)		(연결모음)		(제 2 시상 중간태 인칭어미)

1. 동사의 현재줄기 λυ-를 찾는다.
2. 동사줄기 앞에 접두모음(ἐ-)을 붙인다.
3. 제 2 시상 중간태 인칭어미(-μην, -σο, -το, -μϵθα, -σθϵ, -ντο)를 붙인다.
4. 줄기와 인칭어미를 연결하는 가변모음(ο / ϵ)을 붙인다.
5. 동사의 강세 법칙에 따라 강세를 붙인다.

B. 변화

수	P.	변 화	뜻
sg.	1.	ἐ λυ ό μην	I was loosing for myself (being loosed)
	2.	ἐ λύ ου* (← ϵ σο)	thou wast loosing for thyself (being loosed)
	3.	ἐ λύ ϵ το	He was loosing for himself (being loosed)
pl.	1.	ἐ λυ ό μϵθα	We were loosing for ouselves (being loosed)
	2.	ἐ λύ ϵ σθϵ	Ye were loosing for yourselves (being loosed)
	3.	ἐ λύ ο ντο	they were loosing for themselves (being loosed)

38. ἔστι(ν)의 강세

1. οὐκ나 다른 단어(μή, ϵἰ, ὡς, καί, ἀλλ', τοῦτ') 뒤에서 ἐστί(ν)은 ἔστι(ν)이 된다.
2. 이는 ϵἰμί의 다른 형태에서는 적용이 되지 않는다.
3. ἐστί(ν)이 문장의 처음에 나오거나, 존재 또는 가능성을 나타낼 때 ἔστι(ν)이 된다.

39. καί와 οὐδέ의 특수 용법

1. 보통 καί는 같은 종류의 단어, 구, 절을 접속시키는 역할을 하는 단순한 연결사(simple connective)이다. 예를 들면, ἐγώ καὶ σύ나 βλέπω καὶ λέγω는 대등한 관계를 나타낸다. 이런 일반적인 용법 외에 καί는 '역시(also)'나 '까지도(even)'의 뜻으로 사용되며, 이때 καί는 강조하려는 낱말의 직전에 있어야 한다.

τοῦτο δὲ **καὶ** ἐγὼ λέγω,	(but this I **also** say)
γινώσκουσι **καὶ** τα τέκνα τὸν νόμον,	(**even** the children know the law)
ὁ θεὸς γινώσκει **καὶ** τὴν καρδίαν ἡμῶν.	(God knows **even** our heart)

2. οὐδέ도 καί의 경우와 같다. 보통은 '그리고 … 아니다(and not)' 또는 '또 … 아니다(nor)'의 뜻으로 쓰이나, 어떤 때는 '…도 … 아니다' 또는 '…까지도 …아니다(not even)' 라는 뜻으로 사용된다.

τοῦτο δὲ οὐ λέγω ἐγὼ **οὐδὲ** λέγουσιν αὐτὸ οἱ ἄλλοι.

(but this I do not say, **nor** do the others say it.) — 단순 연결사 용법

τὴν δόξαν τοῦ θεοῦ βλέπουσιν **οὐδὲ** οἱ μαθηταί.

(**not even** the disciples see the glory of God.)

3.

καὶ	A	καὶ	B ;	both A and B
οὐδὲ	A	οὐδὲ	B ;	neither A nor B

τοῦτο λέγουσιν **καὶ** οἱ ἀπόστολοι **καὶ** οἱ δοῦλοι.

(**both** the apostles **and** the servants say this)

τοῦτο λέγουσιν **οὐδὲ** οἱ ἀπόστολοι **οὐδὲ** οἱ δοῦλοι.

(**neither** the apostles **nor** the servants say this)

연습문제 14

A. 문법

1. ἀποθνῄσκω 동사의 미완료 중간태/수동태 직설법 변화를 해보시오.
2. 아래 도표의 동사를 분해(parsing)하시오.

변화형 동사	인칭	수	시제	태	법	현재능동태 1인칭단수	의미(뜻)
ἐγράφοντο							
ἐδέχου							
ἐξήρξεσθε							

B. 아래 문장을 우리말로 옮기시오.

1. Τότε ἐξεπορεύετο πρὸς αὐτὸν Ἱεροσόλυμα **καὶ** πᾶσα ἡ Ἰουδαία **καὶ** πᾶσα ἡ περίχωρος τοῦ Ἰορδάνου, (마 3:5)
2. οὐ σπείρουσιν **οὐδὲ** θερίζουσιν **οὐδὲ** συνάγουσιν εἰς ἀποθήκας, καὶ ὁ πατὴρ ὑμῶν ὁ οὐράνιος τρέφει αὐτά· (마 6:26)
3. καὶ **ἐβαπτίζοντο** ὑπ' αὐτοῦ ἐν τῷ Ἰορδάνῃ … (막 1:5)
4. καὶ πᾶς ὁ ὄχλος **ἤρχετο** πρὸς αὐτόν, (막 2:13)
5. ὁ δὲ τελώνης μακρόθεν ἑστὼς οὐκ ἤθελεν **οὐδὲ** τοὺς ὀφθαλμοὺς … (눅 18:13)
6. οἱ λοιποὶ οἱ ἐν τῇ νήσῳ ἔχοντες ἀσθενείας **προσήρχοντο** καὶ **ἐθεραπεύοντο,** (행 28:9)
7. οὕτως **καὶ** ὑμεῖς λογίζεσθε ἑαυτοὺς εἶναι νεκροὺς μὲν τῇ ἁμαρτίᾳ ζῶντας δὲ τῷ θεῷ ἐν Χριστῷ Ἰησοῦ. (롬 6:11)
8. καὶ οὐδεὶς **ἐδύνατο** ἐν τῷ οὐρανῷ οὐδὲ ἐπὶ τῆς γῆς οὐδὲ ὑποκάτω τῆς γῆς ἀνοῖξαι τὸ βιβλίον οὔτε βλέπειν αὐτό. (계 5:3)

40. 미래 능동태 직설법

A. 형태: 미래줄기 + 가변모음(ο / ϵ) + 인칭어미

1. 동사의 원줄기에 시제 접미어(tense suffix: σ)를 붙여 미래줄기를 만든다.
2. 현재 능동태 직설법 동사의 인칭어미를 붙인다.
3. 연결모음을 줄기와 꼬리 사이에 붙인다(μ, ν 앞에서 ο를, 그 외의 자음 앞에서 ϵ).
4. 동사의 강세 법칙에 따라 강세를 둔다.

B. 변화

λυ	+	σ	+	ο / ϵ	+	ω, ϵις, ϵι, ομϵν, ϵτϵ, ουσι(ν)
(동사원줄기)		(시제접미어)		(연결모음)		(인칭어미)

수	P.	변 화	뜻
sg.	1.	λύ σ ω	I shall loose
	2.	λύ σ ϵις	thou wilt loose
	3.	λύ σ ϵι	he will loose
pl.	1.	λύ σ ο μϵν	we shall loose
	2.	λύ σ ϵ τϵ	ye will loose
	3.	λύ σ ου σι(ν)	they will loose

C. 동사의 원줄기가 폐쇄음으로 끝날 경우 미래시제 접미어(σ)를 붙인 미래줄기 만들기

1. 입술소리(π, β, φ) + 시제 접미어(σ) → ψ

βλέπω	→	βλέψω	(see)
θλίβω	→	θλίψω	(press upon)
γράφω	→	γράψω	(write)
πέμπω	→	πέμψω	(send)

2. 목소리(κ, γ, χ) + 시제 접미어(σ) → ξ

διώκω	→	διώξω	(pursue, persecute)
ἄγω	→	ἄξω	(lead)
ἄρχω	→	ἄρξω	(rule, G.)

3. 잇소리(τ, δ, θ) + 시제 접미어(σ) → τ, δ, θ 생략하고 σ

θάπτω	→	θάπσω	→	θάψω	(bury)
πείθω	→	πείσω			(convince, persuade)

4. 동사의 원줄기와 현재줄기가 다를 경우 → 원줄기 + σ

βαπτίζω	(원줄기 βαπτιδ-)	→	βαπτίσω
κηρύσσω	(원줄기 κηρυκ-)	→	κηρύξω

D. 시제 접미어(σ) 바로 앞의 모음은 길어진다.

τιμάω	→	τιμήσω	(honor)
φιλέω	→	φιλήσω	(love)
φανερόω	→	φανερώσω	(manifest)

연습문제 15

A. 문법

1. διώκω 동사의 미래 능동태 직설법 변화를 해보시오.
2. 아래 도표의 동사를 분해(paring)하시오.

변화형 동사	인칭	수	시제	태	법	현재능동태 1인칭단수	의미(뜻)
ἄξει							
προσέυξῃ							
ἀναβλέψουσιν							

B. 아래 문장을 우리말로 옮기시오.

1. αὐτὸς ὑμᾶς **βαπτίσει** ἐν πνεύματι ἁγίῳ καὶ πυρί· (마 3:11)
2. κύριον τὸν θεόν σου **προσκυνήσεις** καὶ αὐτῷ μόνῳ **λατρεύσεις**. (마 4:10)
3. **πέμψω** τὸν υἱόν μου τὸν ἀγαπητόν· (눅 20:13)
4. πάντες **πιστεύσουσιν** εἰς αὐτόν, (요 11:48)
5. **σώσει** ψυχὴν αὐτοῦ ἐκ θανάτου καὶ **καλύψει** πλῆθος ἁμαρτιῶν. (약 5:20)

41. 미래 디포넌트

ω로 끝나는 현재동사가 미래시제에서 중간태형을 취할 때, 이를 미래 디포넌트(deponent future) 동사라고 부른다.

βαίνω	→	βήσομαι	(go)
γινώσκω	→	γνώσομαι	(know)
λαμβάνω	→	λήμψομαι	(take)

비교. 본래의 디포넌트 동사

γίνομαι	→	γενήσομαι	(become)
ἔρχομαι	→	ἐλεύσομαι	(go/come)
προσεύχομαι	→	προσεύξομαι	(pray)

42. 미래 중간태 직설법

λυ	+	σ	+	ο / ε	+	-μαι, -σαι, -ται, -μεθα, -σθε, -νται
(동사줄기)		(시상접미어)		(연결모음)		(제 1 시상 중간태/수동태 인칭어미)

수	P.	변 화	뜻
sg.	1.	λύ σ ο μαι	I shall loose for myself
	2.	λύ σ ῃ *	thou wilt loose for thyself
	3.	λύ σ ε ται	he will loose for himself
pl.	1.	λυ σ ό μεθα	we shall loose for ourselves
	2.	λύ σ ε σθε	ye will loose for yourselves
	3.	λύ σ ο νται	they will loose for themselves

* 유의하라.

43. 미래 수동태 직설법

λυ	+	θη	+	σ	+	ο / ϵ	+ 제 1 시상 수동태 인칭어미
(동사줄기)		(미래수동줄기)		(시상접미어)		(연결모음)	

수	P.	변 화	뜻
sg.	1.	λυ θήσ ο μαι	I shall be loosed
	2.	λυ θήσ ῃ *	thou wilt be loosed
	3.	λυ θήσ ϵ ται	he will be loosed
pl.	1.	λυ θησ ό μϵθα	we shall be loosed
	2.	λυ θήσ ϵ σθϵ	ye will be loosed
	3.	λυ θήσ ο νται	they will be loosed

* ϵσαι → ῃ

연습문제 16

A. 문법

1. διδάσκω 동사의 미래 중간태 직설법 변화를 해보시오.
2. πέμπω 동사의 미래 수동태 직설법 변화를 해보시오.
3. 아래 도표의 동사를 분해(parsing)하시오.

변화형 동사	인칭	수	시제	태	법	현재능동태 1인칭단수	의미(뜻)
λήμψϵσθϵ							
ἐλϵύσϵται							
συνήχθησαν							
ὀψόμϵθα							

B. 아래 문장을 우리말로 옮기시오.

1. οἱ δὲ υἱοὶ τῆς βασιλείας **ἐκβληθήσονται** εἰς τὸ σκότος· (마 8:12)
2. ὁ οἶκός μου οἶκος προσευχῆς **κληθήσεται**, ὑμεῖς δὲ αὐτὸν ποιεῖτε σπήλαιον λῃστῶν. (마 21:13)
3. ἐν τούτῳ **γνώσονται** πάντες ὅτι ἐμοὶ μαθηταί ἐστε, ἐὰν ἀγάπην ἔχητε ἐν ἀλλήλοις. (요 13:35)
4. ἐγὼ πρὸς τὸν πατέρα **πορεύομαι**· (요 14:12)
5. ὁ δὲ ἀγαπῶν με **ἀγαπηθήσεται** ὑπὸ τοῦ πατρός μου, (요 14:21)
6. **ἔρχεται** γὰρ ὁ τοῦ κόσμου ἄρχων· (요 14:30)
7. ἀλλὰ **λήμψεσθε** δύναμιν ἐπελθόντος τοῦ ἁγίου πνεύματος ἐφ᾽ ὑμᾶς καὶ ἔσεσθέ μου μάρτυρες ἔν τε Ἰερουσαλὴμ καὶ ἐν πάσῃ τῇ Ἰουδαίᾳ καὶ Σαμαρείᾳ καὶ ἕως ἐσχάτου τῆς γῆς. (행 1:8)

44. 인칭 어미 변화

A. 현재완료, 제 2 시상 능동태, 단순과거 수동태

- ν*1,	- ς,	無,	- μεν*,	- τε,	- ν / - σαν

*1 현재완료, 단순과거 1P.sg. : -ν → 無 (-κα -σα)

*2 제2시상 중간 수동태 1P.sg. 어미 -μην과 비교하라.

B. 제 1 시상 중간태/수동태 어미

- μαι,	- σαι*,	- ται,	- μεθα,	- σθε,	- νται

* 현재/미래 2P.sg. : εσαι → ῃ

C. 제 2 시상 중간태/수동태 어미

- μην,	- σο*,	- το,	- μεθα,	- σθε,	- ντο

* 미완료 2P.sg. : σο → ου
  단순과거 중간태 2P.sg. : σο → ω

45. 시제 접미어

A. - σ - 미래와 단순과거의 능동·중간·수동태 (단순과거 수동태 제외)

B. - θη - 단순과거 수동태 (비교. 미래 수동태 - θησ -)

C. - κ - 현재완료와 과거완료 능동태

46. 관계대명사의 변화

A. 변 화

수	격	m.	f.	n.
sg.	1.	ὅς	ἥ	ὅ
	4.	ὅν	ἥν	ὅ
	2.	οὗ	ἧς	οὗ
	3.	ᾧ	ᾗ	ᾧ
pl.	1.	οἵ	αἵ	ἅ
	4.	οὕς	ἅς	ἅ
	2.	ὧν	ὧν	ὧν
	3.	οἷς	αἷς	οἷς

B. 특 징

1. αὐτός의 어미변화와 같다.
2. 모음에 모두 거친 숨표(ʽ)를 갖는다.
3. 인칭대명사 αὐτός의 강세처럼 1 · 4격에서는 애큐트를, 2 · 3격에서는 서컴플렉스를 붙인다.

C. 유의할 점

1. 관사와 구분하라.

a. ἡ (f.sg.1. 관사) ---------- ἥ (f.sg.1. 관계대명사)
b. αἱ (f.pl.1. 관사) ---------- αἵ (f.pl.1. 관계대명사)

2. m.sg.1 격 관계대명사는 ὅ가 아니라 ὅς이다.
3. ὅ는 n.sg.1, 4 격 관계대명사이다.
4. n.sg.1, 4 격 관계대명사는 ὅν이 아니라 ὅ이다.

47. 단순과거 능동태 직설법

A. 종　류

1. 제 1 단순과거(1. aorist):　규칙변화
2. 제 2 단순과거(2. aorist):　불규칙변화

B. λύω 동사의 제 1 단순과거 능동태 직설법 만들기

1. 동사의 원줄기를 찾는다(λυ-).
2. 제 2 시상 직설법에 붙이는 접두모음(ἐ-)을 붙인다.
3. 제 1 단순과거를 나타내는 시제 접미어(-σα)를 줄기 다음에 붙인다.
4. 제 2 시상 능동태 인칭꼬리를 붙인다.

- ν,　- ς,　無,　- μεν,　- τε,　- ν / - σαν

5. 1 인칭 단수 꼬리에서 ν를 떼고, 3 인칭 단수 꼬리는 σε로 한다.
6. 강세를 붙인다.

C. λύω 동사의 제 1 단순과거 능동태 직설법 변화

수	P.	변　화	뜻
sg.	1.	ἔ λυ σ α *- (← σαν)	I loosed
	2.	ἔ λυ σ α ς	thou loosedst
	3.	ἔ λυ σ ε (ν) (← σα)	he loosed
pl.	1.	ἐ λύ σ α μεν	we loosed
	2.	ἐ λύ σ α τε	ye loosed
	3.	ἔ λυ σ α ν	they loosed

D. 줄기가 폐쇄자음으로 끝나는 경우

수	인칭	γράφω	διδάσκω	βαπτίζω
sg.	1.	ἔγραψα	ἐδίδαξα	ἐβάπτισα
	2.	ἔγραψας	ἐδίδαξας	ἐβάπτισας
	3.	ἔγραψε(ν)	ἐδίδαξε(ν)	ἐβάπτισε(ν)
pl.	1.	ἐγράψαμεν	ἐδιδάξαμεν	ἐβαπτίσαμεν
	2.	ἐγράψατε	ἐδιδάξατε	ἐβαπτίσατε
	3.	ἔγραψαν	ἐδίδαξαν	ἐβάπτισαν

연습문제 17

A. 문법

1. πιστεύω 동사의 단순과거 능동태 직설법 변화를 해보시오.
2. 아래 도표의 동사를 분해(parsing)하시오.

변화형 동사	인칭	수	시제	태	법	현재능동태 1인칭단수	의미(뜻)
ἐπέστρεψαν							
ἐδέξατο							
ἡτοίμασα							

B. 아래 문장을 우리말로 옮기시오.

1. πολλοὶ ἐροῦσίν μοι ἐν ἐκείνῃ τῇ ἡμέρᾳ· κύριε κύριε, οὐ τῷ σῷ ὀνόματι **ἐπροφητεύσαμεν**, καὶ τῷ σῷ ὀνόματι δαιμόνια **ἐξεβάλομεν**, καὶ τῷ σῷ ὀνόματι δυνάμεις πολλὰς **ἐποιήσαμεν**; (마 7:22)
2. δαιμόνια πολλὰ **ἐξέβαλεν** … (막 1:34)
3. πολλοὶ **ἐπίστευσαν** εἰς τὸ ὄνομα αὐτοῦ … (요 2:23)
4. **ἐπίστευσα**, διὸ **ἐλάλησα**, καὶ ἡμεῖς πιστεύομεν, διὸ καὶ λαλοῦμεν, (고후 4:13)

48. εἰμί의 직설법

수	인칭	현 재	미 완 료	미 래
sg.	1.	εἰμί	ἤμην	ἔσομαι
	2.	εἶ	ἦς	ἔσῃ
	3.	ἐστί(ν)	ἦν	ἔσται *
pl.	1.	ἐσμέν	ἦμεν	ἐσόμεθα
	2.	ἐστέ	ἦτε	ἔσεσθε
	3.	εἰσί(ν)	ἦσαν	ἔσονται

* 주의: ἔσεται가 아니다.

연습문제 18

A. 문법

1. εἰμί 동사의 현재 직설법 변화를 해보시오.
2. εἰμί 동사의 미완료 직설법 변화를 해보시오.
3. εἰμί 동사의 미래 직설법 변화를 해보시오.
4. 아래 도표의 동사를 분해(parsing)하시오.

변화형 동사	인칭	수	시제	태	법	현재능동태 1인칭단수	의미(뜻)
ἐστίν							
ἦτε							
ἔσῃ							

B. 아래 문장을 우리말로 옮기시오.

1. ὑμεῖς **ἐστε** τὸ φῶς τοῦ κόσμου. (마 5:14)
2. εἰ ἔτι ἀνθρώποις ἤρεσκον, Χριστοῦ δοῦλος οὐκ ἂν **ἤμην**. (갈 1:10)
3. καὶ οὕτως πάντοτε σὺν κυρίῳ **ἐσόμεθα**. (살전 4:17)

49. λύω의 제 1 단순과거 중간태 직설법

A. 만들기

1. λύω 동사의 원줄기(λυ-)를 찾는다.
2. 제 2 시상이므로 접두모음(ἐ-)을 줄기 앞에 붙인다.
3. 제 1 단순과거 시제 접미어(tense suffix: -σα)를 줄기와 꼬리 사이에 붙인다.
4. 제 2 시상 중간태 인칭꼬리를 붙인다.

- μην, - σο, - το, - μεθα, - σθε, - ντο

5. 2 인칭 단수 시제 접미어와 인칭 꼬리 -σασο는 -σω로 바뀐다.
6. 동사의 강세 법칙대로 강세를 붙인다.

B. 변화

수	인칭	변 화	뜻
sg.	1.	ἐ λυ σ ά μην	I loosed for myself
	2.	ἐ λύ σ ω	thou loosedst for thyself
	3.	ἐ λύ σ α το	he loosed for himself
pl.	1.	ἐ λυ σ ά μεθα	we loosed for ourselves
	2.	ἐ λύ σ α σθε	ye loosed for yourselves
	3.	ἐ λύ σ α ντο	they loosed for themselves

연습문제 19

A. 문법

1. ἀκούω 동사의 단순과거 중간태 직설법 변화를 해보시오.

2. 아래 도표의 동사를 분해(parsing)하시오.

변화형 동사	인칭	수	시제	태	법	현재능동태 1인칭단수	의미(뜻)
ἐπορεύεστε							
ἐδεξάμην							
ἐθερατεύσω							

B. 아래 문장을 우리말로 옮기시오.

1. Ἀπὸ τότε **ἤρξατο** ὁ Ἰησοῦς κηρύσσειν καὶ λέγειν· μετανοεῖτε· (마 4:17)

2. τί αὐτῇ κόπους παρέχετε; καλὸν ἔργον **ἠργάσατο** ἐν ἐμοί. (막 14:6)

3. ἡμεῖς οὔτε γράμματα περὶ σοῦ **ἐδεξάμεθα** ἀπὸ τῆς Ἰουδαίας … (행 28:21)

50. 제 2 단순과거 능동태 직설법

A. λείπω의 제 2 단순과거 능동태 직설법 만들기

1. λείπω 동사의 제 2 단순과거의 줄기(λιπ-)를 찾는다.
2. 제 2 시상을 나타내는 접두모음(ἐ-)을 줄기 앞에 붙인다.
3. 제 2 시상 능동태 인칭꼬리를 붙인다.

- ν, - ς, 無, - μεν, - τε, - ν / - σαν

4. 줄기와 꼬리를 연결하는 가변모음(ο / ε)을 붙인다.
5. 동사의 강세 법칙대로 강세를 붙인다.

B. 변화

수	인칭	변 화	뜻
sg.	1.	ἔ λιπ ο ν	I left
	2.	ἔ λιπ ε ς	thou leftst
	3.	ἔ λιπ ε (ν)	he left
pl.	1.	ἐ λίπ ο μεν	we left
	2.	ἐ λίπ ε τε	ye left
	3.	ἔ λιπ ο ν	they left

※ 사전에서 동사 보기

λείπω,	λείψω,	ἔλιπον,	(λέλοιπα),	λέλειμμαι,	ἐλείφθην
pres.act.	fut.act.	aor.act.	perf.act.	perf.pass.	aor.pass.

51. 제 2 단순과거 동사의 예

ἄγω	——	lead	——	ἤγαγον
ἁμαρτάνω	——	sin	——	ἥμαρτον
ἀποθνῄσκω	——	die	——	ἀπέθανον
βάλλω	——	throw	——	ἔβαλον
γίνομαι	——	become	——	ἐγενόμην(mid.) ἐγενήθην(pass.)
βλέπω	——	see	——	εἶδον
εὑρίσκω	——	find	——	εὗρον
ἔχω	——	have	——	ἔσχον
ἔρχομαι	——	come	——	ἦλθον
ἐσθίω	——	eat	——	ἔφαγον
λέγω	——	say	——	εἶπον
λαμβάνω	——	take	——	ἔλαβον
πάσκω	——	suffer	——	ἔπαθον
πίνω	——	drink	——	ἔπιον
πίπτω	——	fall	——	ἔπεσον
φεύγω	——	flee	——	ἔφυγον
ὁράω	——	see	——	εἶδον
γινώσκω	——	know	——	ἔγνων
φέρω	——	carry	——	ἤνεγκα, ἤνεγκον

52. 제 2 단순과거 중간태 직설법

A. λείπω의 제 2 단순과거 중간태 직설법 만들기

1. λείπω 동사의 제 2 단순과거의 줄기(λιπ-)를 찾는다.
2. 제 2 시상을 나타내는 접두모음(ἐ-)을 줄기 앞에 붙인다.
3. 제 2 시상 중간태 인칭꼬리를 붙인다.

- μην,	- σο,	- το,	- μεθα,	- σθε,	- ντο

4. 줄기와 꼬리사이를 연결하는 가변모음(ο / ε)을 붙인다.
5. 2 인칭 단수 - εσο는 - ου로 바뀐다.
6. 동사의 강세 법칙대로 강세를 붙인다.

B. 변화

수	인칭	변 화				뜻
sg.	1.	ἐ	λιπ	ό	μην	I left for myself
	2.	ἐ	λίπ	ου*	(← εσο)	thou leftst for thyself
	3.	ἐ	λίπ	ε	το	he left for himself
pl.	1.	ἐ	λιπ	ό	μεθα	we left for ourselves
	2.	ἐ	λίπ	ε	σθε	ye left for yourselves
	3.	ἐ	λίπ	ο	ντο	they left for themselves

※ 제2단순과거의 줄기는 능동태와 중간태에서만 사용되고 수동태에서는 사용되지 않는다.

연습문제 20

A. 문법

1. λαμβάνω 동사의 제2단순과거 능동태 직설법 변화를 해보시오.
2. βάλλω 동사의 제2단순과거 중간태 직설법 변화를 해보시오.
3. 아래 도표의 동사를 분해(parsing)하시오.

변화형 동사	인칭	수	시제	태	법	현재능동태 1인칭단수	의미(뜻)
εἴδομεν							
ἔπεσον							
ἐξεβάλετε							
ἐλίπου							
ἐπέσετο							

B. 아래 문장을 우리말로 옮기시오.

1. καὶ φωνὴ **ἐγένετο** ἐκ τῶν οὐρανῶν· σὺ εἶ ὁ υἱός μου ὁ ἀγαπητός, (막 1:11)
2. Μετὰ ταῦτα **ἦλθεν** ὁ Ἰησοῦς καὶ οἱ μαθηταὶ αὐτοῦ εἰς τὴν Ἰουδαίαν γῆν καὶ ἐκεῖ διέτριβεν μετ᾽ αὐτῶν καὶ ἐβάπτιζεν. (요 3:22)
3. Ἀβραὰμ **ἀπέθανεν** … (요 8:52)
4. **εἶπον** ὑμῖν ἤδη καὶ οὐκ ἠκούσατε· (요 9:27)
5. οὐκ **ἔγνω** ὁ κόσμος διὰ τῆς σοφίας τὸν θεόν, (고전 1:21)

53. 마태복음 5-7 장 동사 분해(parsing)

번호	동 사	인칭	수	시제	태	법	1 인칭 단수 현재형	뜻	장절	비 고
1	προσῆλθαν								5:2	
2	ἐδίωξαν								5:12	
3	ἠκούσατε								5:21	5:27, 33, 38, 43
4	ἐμοίχευσεν								5:28	
5	ἀπολύσῃ								5:31	
6	ἀφήκαμεν								6:12	
7	ἐπροφητεύσαμεν								7:22	
8	ὠκοδόμησεν								7:25	
9	προσέπεσαν								7:26	
10	ᾠκοδόμησεν								7:27	
11	ἔπνευσαν								7:25	7:27
12	προσέκοψαν								7:25	7:27
13	ἐτέλεσεν								7:28	
14	ἀνέβη								5:1	
15	ἦλθον								5:17	7:25
16	ἐξεβάλομεν								7:22	
17	κατέβη								7:25	7:27
18	ἔπεσεν								7:25	7:27

54.자주 사용되는 헬라어 동사

현재	미래	단순과거	현재완료능동	뜻
ἀγαπάω	ἀγαπήσω	ἠγάπησα	ἠγαπηκα	love
ἄγω	ἄξω	ἤγαγον ἦξα	(ἦχα)	lead
αἴρω	ἀρῶ	ἦρα	ἦρκα	lift up
αἰτέω	αἰτήσω	ἤτησα	ἤτηκα	ask (for)
ἀκούω	ἀκούσω	ἤκουσα	ἀκήκοα	hear
ἁμαρτάνω	ἁναρτήσω	ἡμάρτησα ἥμαρτον	ἡμάρτηκα	sin
ἀνοίγω	ἀνοίξω	ἀνέῳξα ἤνοιξα ἠνέῳξα	ἀνέῳγα	open
ἀπόλλυμι	ἀπολέσω	ἀπώλεσα	ἀπόλωλα	destory
ἀποστέλλω	ἀποστελῶ	ἀπέστειλα	ἀπέσταλκα	send away
ἀφίημι	ἀφήσω	ἀφῆκα	ἀφεῖκα	forgive
βάλλω	βαλῶ	ἔβαλον ἔβαλα	βέβληκα	throw
γεννάω	γεννήσω	ἐγέννησα	γεγέννηκα	bear
γίνομαι	γενήσομαι	ἐγενόμην	γέγονα	become
γινώσκω	γνώσομαι	ἔγνων	ἔγνωκα	know
γράφω	γράψω	ἔγραψα	γέγραφα	write
δείκνυμι	δείξω	ἔδειξα	(δέδειχα)	show
δίδωμι	δώσω	ἔσωκα	δέδωκα	give
διώκω	διώξω	ἐδίωξα	(δεδίωχα)	persecute
δοξάζω	δοξάσω	ἐδόξασα	(δεδόξακα)	glorify
ἐγείρω	ἐγερῶ	ἤγειρα		raise up
ἐλέγχω	ἐλέγξω	ἤλεγξα		expose
ἐλεέω	ἐλεήσω	ἠλέησα	(ἠλέηκα)	have mercy on

현재	미래	단순과거	현재완료능동	뜻
ἐλπίζω	ἐλπιῶ	ἤλπισα	ἤλπικα	hope
ἐρωτάω	ἐρωτήσω	ἠρώτησα	(ἠρώτηκα)	ask
ἑτοιμάζω	ἑτοιμάσω	ἡτοίμασα	ἡτοίμακα	prepare
εὐαγγελίζω	(εὐαγγελίσω)	εὐηγγέλισα	(εὐηγγέλικα)	preach
εὐλογέω	εὐλογήσω	εὐλόγησα	εὐλόγηκα	praise, bless
εὑρίσκω	εὑρήσω	εὗρον	εὕρηκα	find
ἔχω	ἕξω	ἔσχον	ἔσχηκα	have
ἥκω	ἥξω	ἧξα	ἧκα	have come
θαυμάζω	θαυμάσομαι	ἐθαύμασα	(τεθαύμακα)	wonder
θεραπεύω	θεραπεύσω	ἐθεράπευσα	(τεθεράπευκα)	heal
θύω		ἔθυσα		sacrifice
ἵστημι	στήσω	ἔστησα ἔστην	ἕστηκα	stand
καθαρίζω	καθαριῶ	ἐκαθάρισα		make clean
καλέω	καλέσω	ἐκάλεσα	κέκληκα	call
κηρύσσω	κηρύξω	ἐκήρυξα	(κεκήρυχα)	preach
κρίνω	κρινῶ	ἔκρινα	κέκρικα	judge
λαλέω	λαλήσω	ἐλάλησα	λελάληκα	speak
λαμβάνω	λήμφομαι	ἔλαβον	εἴληφα	take
λείπω	λείψω	ἔλιπον	(λέλοιπα)	leave
λύω	λύσω	ἔλυσα	λέλυκα	loose
μαρτυρέω	μαρτυρήσω	ἐμαρτύρησα	μεμαρτύρηκα	bear witness
μένω	μενῶ	ἔμεινα	μεμένηκα	stay
ξηραίνω		ἐξήρανα		dry (out)
οἰκοδομέω	οἰκοδομήσω	ᾠκοδόμησα		manage
πάσχω	(πείσομαι)	ἔπαθον	πέπονθα	suffer
πείθω	πείσω	ἔπεισα	πέποιθα	persuade
πειράζω	(πειράσω)	ἐπείρασα	(πεπιέρακα)	tempt

현재	미래	단순과거	현재완료능동	뜻
πέμπω	πέμψω	ἔπεμψα	(πέπομφα)	send
πίνω	πίομαι	ἔπιον	πέπωκα	drink
πίπτω	πεσοῦμαι	ἔπεσον ἔπεσα	πέπτωκα	fall
πιστεύω	πιστεύσω	ἐπίστευσα	πεπίστευκα	believe
πληρόω	πληρώσω	ἐπλήρωσα	πεπλήρωκα	fill(full)
ποιέω	ποιήσω	ἐποίησα	πεποίηκα	do, make
πράσσω	πράξω	ἔπραξα	πέπραχα	do, act
σπείρω	(σπερῶ)	ἔσπειρα		sow
σταυρόω	σταυρώσω	ἐσταύρωσα	(ἐσταύρωκα)	crucify
στηρίζω	στηρίξω στηρίσω	ἐστήριξα ἐστήρισα ἐστριήηρσα		set up, fix
στρέφω	(στρέψω)	ἔστρεφα		turn
σῴζω	σώσω	ἔσωσα	σέσωκα	save
τελέω	(τελέσω)	ἐτέλεσα	τετέλεκα	finish
τηρέω	τηρήσω	ἐτήρησα	τετήρηκα	keep
τίθημι	θήσω	ἔθηκα	τέθεικα	put
τιμάω	τιμήσω	ἐτίμησα	(τετίμηκα)	honor
φανερόω	φανερώσω	ἐφανέρωσα	(πεφανέρωκα)	show
φιλέω	(φιλήσω)	ἐφίλησα	πεφίληκα	love
χαίρω	χαρήσομαι			rejoice

55. 단순과거 수동태 직설법

A. λύω 동사의 단순과거 수동태 직설법 만들기

1. λύω 동사의 원줄기(λυ-)를 찾는다.
2. 제 2 시상을 나타내는 접두모음(ἐ-)을 줄기 앞에 붙인다.
3. 줄기에 단순과거 수동태 접미어 θε를 붙이는데, 직설법에서는 θη로 길어진다.
4. 제 2 시상 능동태 인칭꼬리를 붙인다(주의).

- ν,	- ς,	無,	- μεν,	- τε,	- ν / - σαν

5. 동사의 강세 법칙대로 강세를 붙인다.

B. 변화

수	인칭	변 화	뜻
sg.	1.	ἐ λύ θη ν	I was loosed
	2.	ἐ λύ θη ς	thou wast loosed
	3.	ἐ λύ θη -	he was loosed
pl.	1.	ἐ λύ θη μεν	we were loosed
	2.	ἐ λύ θη τε	ye were loosed
	3.	ἐ λύ θη σαν	they were loosed

56. 제 2 단순과거 수동태 직설법

A. γράφω 동사의 제 2 단순과거 수동태 직설법 만들기

1. γράφω 동사의 원줄기(γράφ-)를 찾는다.
2. 제 2 시상을 나타내는 접두모음(ἐ-)을 줄기 앞에 붙인다.
3. 줄기에 단순과거 수동태 접미어 θη에서 θ가 생략된 η를 붙인다.
4. 제 2 시상 능동태 인칭꼬리를 붙인다(주의).

- ν, - ς, 無, - μεν, - τε, - σαν

5. 동사의 강세 법칙대로 강세를 붙인다.

B. 변화

수	인칭	변 화	뜻
sg.	1.	ἐ γράφ η ν	I was written
	2.	ἐ γράφ η ς	thou wast written
	3.	ἐ γράφ η -	he was written
pl.	1.	ἐ γράφ η μεν	we were written
	2.	ἐ γράφ η τε	ye were written
	3.	ἐ γράφ η σαν	they were written

※ σπείρω (sow)의 제 2 단순과거 수동태 직설법 변화

수	인칭	변 화	수	인칭	변 화
sg.	1.	ἐσπάρην	pl.	1.	ἐσπάρημεν
	2.	ἐσπάρης		2.	ἐσπάρητε
	3.	ἐσπάρη		3.	ἐσπάρησαν

57. 자음으로 끝나는 줄기를 가진 동사의 단순과거 수동태 줄기

A. 변화

1. π, β + θ (단순과거 시제 접미어) → φθ
2. γ, κ + θ (단순과거 시제 접미어) → χθ
3. τ, δ, θ + θ (단순과거 시제 접미어) → σθ

B. 보기

πέμπω	——	ἐπέμ**φθην**	τρίβω	——	ἐτρί**φθην**
διώκω	——	ἐδιώ**χθην**	ἄγω	——	ἤ**χθην**
ἀνύτω	——	ἠνύ**σθην**	βαπτίζω (βαπτιδ-)	——	ἐβαπτί**σθην**
πείθω	——	ἐπεί**σθην**	ἀκούω	——	ἠκού**σθην**

58. 디포넌트 동사의 단순과거와 미래

A. 어떤 디포넌트 동사는 중간태 없이 수동태형만을 취한다.

ἀποκρίνομαι —— ἀπεκρί**θην** (aor. I answered)

ἀποκρι**θήσομαι** (fut. I shall answer)

B. 어떤 디포넌트 동사는 중간태와 수동태형 둘 다 취한다.

γίνομαι —— ἐγενόμην / ἐγενήθην (aor.mid./pass. I became)

γενήσομαι (fut.)

연습문제 21

A. 문법

1. κηρύσσω 동사의 단순과거 수동태 직설법 변화를 해보시오.
2. γράφω 동사의 단순과거 수동태 직설법 변화를 해보시오.
3. 아래 도표의 동사를 분해(parsing)하시오.

변화형 동사	인칭	수	시제	태	법	현재능동태 1인칭단수	의미(뜻)
ἐλήμφθησαν							
ἐγράφη							
ἐπορεύθημεν							

B. 아래 문장을 우리말로 옮기시오.

1. οὐκ ἔστιν ὧδε, **ἠγέρθη** γὰρ καθὼς εἶπεν· (마 28:6)
2. ἐκ θεοῦ **ἐγεννήθησαν**. (요 1:13)
3. νῦν **ἐδοξάσθη** ὁ υἱὸς τοῦ ἀνθρώπου καὶ ὁ θεὸς **ἐδοξάσθη** ἐν αὐτῷ· (요 13:31)
4. καὶ ὁμολογουμένως μέγα ἐστὶν τὸ τῆς εὐσεβείας μυστήριον· ὃς **ἐφανερώθη** ἐν σαρκί, **ἐδικαιώθη** ἐν πνεύματι, **ὤφθη** ἀγγέλοις, **ἐκηρύχθη** ἐν ἔθνεσιν, **ἐπιστεύθη** ἐν κόσμῳ, **ἀνελήμφθη** ἐν δόξῃ. (딤전 3:16)
5. ὁ Σατανᾶς, ὁ πλανῶν τὴν οἰκουμένην ὅλην, **ἐβλήθη** εἰς τὴν γῆν, καὶ οἱ ἄγγελοι αὐτοῦ μετ' αὐτοῦ **ἐβλήθησαν**. (계 12:9)

59. 미래 수동태 직설법

A. λύω 동사의 미래 수동태 직설법 만들기

1. 단순과거 수동태 줄기 λυθη에 미래임을 나타내는 σ를 붙여 λυθησ-를 줄기로 사용한다(시제 접미어 포함).
2. 제 1 시상이므로 접두모음을 붙이지 않는다.
3. 제 1 시상 수동태 인칭꼬리를 붙인다.

- μαι,	- σαι,	- ται,	- μεθα,	- σθε,	- νται

4. 줄기와 꼬리를 연결하는 가변모음(ο / ε)을 붙인다.
5. 2 인칭 단수 -θησεσαι 대신 -θησῃ가 된다.
6. 동사의 강세 법칙대로 강세를 붙인다.

B. 변화

수	인칭	변 화	뜻
sg.	1.	λυ θήσ ο μαι	I shall be loosed
	2.	λυ θήσ ῃ	thou wilt be loosed
	3.	λυ θήσ ε ται	he will be loosed
pl.	1.	λυ θησ ό μεθα	we shall be loosed
	2.	λυ θήσ ε σθε	ye will be loosed
	3.	λυ θήσ ο νται	they will be loosed

연습문제 22

A. 문법

1. θεραπεύω 동사의 미래 수동태 직설법 변화를 해보시오.

2. 아래 도표의 동사를 분해(parsing)하시오.

변화형 동사	인칭	수	시제	태	법	현재능동태 1인칭단수	의미(뜻)
πέφθησονται							
κηρυχθήσεται							
ἑτοιμασθήσῃ							

B. 아래 문장을 우리말로 옮기시오.

1. μακάριοι οἱ εἰρηνοποιοί, ὅτι αὐτοὶ υἱοὶ θεοῦ **κληθήσονται.** (마 5:9)
2. τῇ τρίτῃ ἡμέρᾳ **ἐγερθήσεται.** (마 20:19)
3. τὸ βάπτισμα ὃ ἐγὼ βαπτίζομαι **βαπτισθήσεσθε**, (막 10:39)
4. ὁ δὲ ἀγαπῶν με **ἀγαπηθήσεται** ὑπὸ τοῦ πατρός μου, (요 14:21)
5. οὕτως πᾶς Ἰσραὴλ **σωθήσεται** … (롬 11:26)

60. 단 축 법

A. 단축(contract)

2개의 모음이 만날 때 혹은 1개의 모음과 중모음이 만날 때, 모음이 짧아지는 것을 단축이라고 한다.

B. 두 모음의 단축법

1. 개모음 + 폐모음 → 중모음 ϵ + ι → ϵι

※ 폐모음 + 개모음 → 단축불가 ι + ϵ → ι- ϵ (두 음절)

2. 동일계열모음이 겹칠 때 : 장음화됨

$\alpha + \alpha \rightarrow \bar{\alpha}$, $\epsilon + \eta \rightarrow \eta$, $o + \omega \rightarrow \omega$

$\epsilon + \epsilon \rightarrow \epsilon\iota$, $o + o \rightarrow o\upsilon$

3. (ο, ω) + (α, ϵ, η) 또는 (α, ϵ, η) + (ο, ω) → ω

$\alpha + o \rightarrow \omega$	$\epsilon + o \rightarrow o\upsilon$
$\epsilon + \omega \rightarrow \omega$	$o + \epsilon \rightarrow o\upsilon$

* α , ϵ < ο

4. α + (ϵ, η) 또는 ϵ + α → 앞 모음이 장음화됨

$\alpha + \epsilon \rightarrow \bar{\alpha}$	$\epsilon + \alpha \rightarrow \eta$
$\alpha + \eta \rightarrow \bar{\alpha}$	

* α − ϵ

C. 모음과 중모음의 단축법

1. 어떤 모음이 그 모음으로 시작하는 중모음과 결합할 때 앞의 모음은 뒤의 중모음에 흡수된다.

ε + ει → **ει** , ο + ου → **ου**

2. 어떤 모음이 그 모음과 같지 않은 다른 모음으로 시작하는 중모음과 결합시 먼저 첫 모음과 중모음의 앞 모음이 결합 단축되고, 중모음의 두 번째 모음은 사라져 버린다. 그 모음이 ι일 경우 ι-subscript가 된다.

α + ει → **ᾳ** , α + ου → **ω** , ε + ου → **ου**

3. 주의

ο + ει → **οι**
ο + ῃ → **οι**

61. 단축동사의 현재 능동태 직설법

A. 단축동사의 정의

줄기가 α, ε, ο로 끝나는 동사를 단축동사라 한다.

B. 단축동사의 모음 단축

어미 / 줄기	ε	η	ο	ω	ει	ῃ	ου	οι
α	ᾱ	ᾱ	ω	ω	ᾳ	ᾳ	ω	ῳ
ε	ει	η	ου*	ω	ει	ῃ	ου	οι*
ο	ου*	ω	ου	ω	οι	οι	ου	οι*

C. 현재 능동 변화

수	인칭	- άω	- έω	- όω
sg.	1.	τιμ ῶ	φιλ ῶ	δηλ ῶ
	2.	τιμ ᾶς	φιλ εῖς	δηλ οῖς
	3.	τιμ ᾶ	φιλ εῖ	δηλ οῖ
pl.	1.	τιμ ῶμεν	φιλ οῦμεν	δηλ οῦμεν
	2.	τιμ ᾶτε	φιλ εῖτε	δηλ οῦτε
	3.	τιμ ῶσι(ν)	φιλ οῦσι(ν)	δηλ οῦσι(ν)

명령법	sg.2	τίμ α	φίλ ει	δήλ ου
	pl.2.	τιμ ᾶτε	φιλ εῖτε	δηλ οῦτε
부정사		τιμ ᾶν*	φιλ εῖν	δηλ οῦν*
분사	m.	τιμ ῶν	φιλ ῶν	δηλ ῶν
	f.	τιμ ῶσα	φιλ οῦσα	δηλ οῦσα
	n.	τιμ ῶν	φιλ οῦν	δηλ οῦν

D. - άω 동사

- ῶ ,	- ᾷς ,	- ᾷ ,	- ῶμεν ,	- ᾶτε ,	- ῶσι(ν)

τιμάω	honor	ὁράω	see
ἀγαπάω	love	ἐπερωτάω	interrogate
γεννάω	bear	ζάω	live
ἐρωτάω	ask (for)		

E. - έω 동사

- ῶ ,	- εῖς ,	- εῖ ,	- οῦμεν ,	- εῖτε ,	- οῦσι(ν)

αἰτέω	ask (for)	περιπατέω	walk
ἀκολουθέω	follow (3.)	ποιέω	do, make
εὐλογέω	bless	προσκυνέω	worship (3.)
εὐχαριστέω	give thanks	φιλέω	love
ζητέω	seek	τηρέω	keep
καλέω	call	βλασφημέω	blaspheme
λαλέω	speak	μαρτυρέω	witness
θεωρέω	behold	μισέω	hate
μετανοέω	repent	δέω	bind
παρακαλέω	exhort, comfort	γαμέω	marry
κατοικέω	Inhabit	δοκέω	seem
ἀδικέω	do wrong to	διακονέω	serve
κρατέω	hold	ἀσθενέω	be weak, be ill

F. - όω 동사

- ῶ ,	- οῖς ,	- οῖ ,	- οῦμεν ,	- οῦτε ,	- οῦσι(ν)

δηλόω	show	σταυρόω	crucify
πληρόω	fulfil	φανερόω	manifest

G. - άω , - έω , - όω 동사

- ῶ ,	- ᾷς ,	- ᾷ ,	- ῶμεν ,	- ᾶτε ,	- ῶσι(ν)
- ῶ ,	- εῖς ,	- εῖ ,	- οῦμεν ,	- εῖτε ,	- οῦσι(ν)
- ῶ ,	- οῖς ,	- οῖ ,	- οῦμεν ,	- οῦτε ,	- οῦσι(ν)

※ 단축동사에서 직설법과 가정법이 같은 경우는 1 인칭 단수임.

H. - άω , - έω , - όω 동사의 기본형

단축동사의 줄기 끝 모음(α, ε, ο)는 시제 접미어(fut.: -σο/-σε, 1aor.: -σα, aor.pass.: -θε) 앞에서 장음으로 변한다.

α → η , ε → η , ο → ω

pres.	fut.	aor.act.	perf.act.	perf.pass.	aor.pass
τιμάω	τιμήσω	ἐτίμησα	——	——	ἐτιμήθην
φιλέω	φιλήσω	ἐφίλησα	——	——	ἐφιλήθην
δηλόω	δηλώσω	ἐδήλωσα	——	——	ἐδηλώθην

※ καλέω의 경우 ε가 미래나 제 1 단순과거 시제 접미어(σ, σα) 앞에서 길어지지 않는다. 그러나 단순과거 수동태는 길게 변한다.
καλέω, καλέσω, ἐκάλεσα, κέκληκα, κέκλημαι, ἐκλήθην

연습문제 23

A. 문법

1. **τιμάω** 동사의 현재 능동태 직설법 변화를 해보시오.
2. **φιλέω** 동사의 현재 능동태 직설법 변화를 해보시오.
3. **δηλόω** 동사의 현재 능동태 직설법 변화를 해보시오.
4. 아래 도표의 동사를 분해(parsing)하시오.

변화형 동사	인칭	수	시제	태	법	현재능동태 1인칭단수	의미(뜻)
ἀγαπᾶτε							
ἀκολουθεῖ							
σταυροῖσι							

B. 아래 문장을 우리말로 옮기시오.

1. Καὶ σὺν αὐτῷ **σταυροῦσιν** δύο λῃστάς, (막 15:27)
2. Σίμων Ἰωάννου, **ἀγαπᾷς** με πλέον τούτων; λέγει αὐτῷ· ναὶ κύριε, σὺ οἶδας ὅτι **φιλῶ** σε. (요 21:15)
3. οὐκ ἀνθρώποις **λαλεῖ** ἀλλὰ θεῷ· (고전 14:2)
4. ἡμεῖς **ἀγαπῶμεν**, ὅτι αὐτὸς πρῶτος ἠγάπησεν ἡμᾶς. (요일 4:19)
5. **ἀγαπῶ** τὸν θεόν … (요일 4:20)

62. 명사 제 3 변화

A. 변화

격	단 수	복 수
1.	- ς 또는 —	- ες
4.	- ᾰ 또는 - ν (모음에 따라)	- ας 또는 - (ν)ς (모음에 따라)
2.	- ος	- ων
3.	- ι	- σι(ν)

B. 특징

1. 단수 속격에서 - ος를 떼면, 명사줄기이다.
2. 4 격 sg./pl.의 - α는 단음이다(비교. 명사 제 1 변화에서는 장음).
3. pl. 3 격 - σι는 움직이는 ν를 가진다.
4. sg. 1 격은 다양하게 변화한다.
5. sg. 호격은 1 격과 같거나 다양하게 변화한다.

C. 복수 여격 만드는 법 (비교. 미래줄기 만드는 법 참조)

1. 후음 (κ, γ, χ) + σι(ν) → ξι(ν)

σάρξ —— σάρκ + σι(ν) → σαρξί(ν) f. 육체(flesh)
νύξ —— νυκτ + σι(ν) → νυξί(ν) f. 밤(night)

2. 순음 (π, β, φ) + σι(ν) → ψι(ν)

γύφ —— γυπ + σί(ν) γυψί(ν) m. 독수리(eagle)

3.	치음 (τ, δ, θ) + σι(ν) → σι(ν)

σῶμα	——	σωματ	+ σι(ν)	→	σώμασι(ν)	n. 몸(body)
χάρις	——	χαριτ	+ σι(ν)	→	χάρισι(ν)	f. 은혜(grace)
ἐλπίς	——	ἐλπιδ	+ σι(ν)	→	ἐλπίσι(ν)	f. 소망(hope)

4.

α ντ	+ σι(ν)	→	ασι(ν)
ε ντ	+ σι(ν)	→	εισι(ν)
ο ντ	+ σι(ν)	→	ουσι(ν)

* ντ가 사라지고 모음이 길어진다.

γίγας	——	γιγαντ	+ σι(ν)	→	γίγασι(ν)	m. 거인
ὀδούς	——	ὀδοντ	+ σι(ν)	→	ὀδοῦσι(ν)	m. 이, 치아
γέρων	——	γεροντ	+ σι(ν)	→	γέρουσι(ν)	m. (백발의) 노인

D. 용례

명사		νύξ	σάρξ	ἄρχων
sg. 2.		νυκτός	σαρκός	ἄρχοντος
줄기		νυκτ-	σαρκ-	ἄρχοντ-
수	격	ἡ, 밤	ἡ, 살, 육체	ὁ, 통치자
sg.	1.	νύξ	σάρξ	ἄρχων
	4.	νύκτα	σάρκα	ἄρχοντα
	2.	νυκτός *	σαρκός *	ἄρχοντος
	3.	νυκτί *	σαρκί *	ἄρχοντι
pl.	1.	νύκτες	σάρκες	ἄρχοντες
	4.	νύκτας	σάρκας	ἀρχόντας
	2.	νυκτῶν *	σαρκῶν *	ἀρχόντων
	3.	νυξί(ν) *	σαρξί(ν) *	ἄρχουσι(ν)

명사		ἐλπίς	χάρις
sg.2.		ἐλπίδος	χάριτος
줄기		ἐλπιδ -	χαριτ -
수	격	ἡ, 희망	ἡ, 은혜
sg.	1.	ἐλπίς	χάρις
	4.	ἐλπίδα	χάριν
	2.	ἐλπίδος	χάριτος
	3.	ἐλπίδι	χάριτι
pl.	1.	ἐλπίδες	χάριτες
	4.	ἐλπίδας	χάριτας
	2.	ἐλπίδων	χαρίτων
	3.	ἐλπίσι(ν)	χάρισι(ν)

※ 단음절로 된
제 3 변화 명사의 강세

1. sg. 2, 3 격에서
종음절에 애큐트가 붙는다.

2. pl. 3 격에서 종음절에
애큐트가 붙는다.

3. pl. 2 격에서 종음절에
서컴플렉스가 붙는다.

E. - μα, - ματος, τό (-μα로 끝나는 중성명사)

1. 변화

격	단수	복수
1.	- μα	- ματα
4.	- μα	- ματα
2.	- ματος	- ματων
3.	- ματι	- μασι(ν)

2. 용례 ὄνομα, ὀνόματος, τό, 이름

격	딘수	복수
1.	ὄνο μα	ὀνό ματα
4.	ὄνο μα	ὀνό ματα
2.	ὀνό ματος	ὀνο μάτων
3.	ὀνό ματι	ὀνό μασιν

3. - μα로 끝나는 명사

αἷμα,	αἵματος,	τό,	피 (blood)
θέλημα,	θελήματος,	τό,	뜻 (will)
πνεῦμα,	πνεύματος,	τό,	영, 성령 (spirit, the Spirit)
ῥῆμα,	ῥήματος,	τό,	말, 말씀 (word)
σῶμα,	σώματος,	τό,	몸, 신체 (body)
γράμμα,	γράμματος,	τό,	문자, 글 (letter)
βάπτισμα,	βαπτίσματος,	τό,	세례 (baptism)
κρίμα,	κρίματος,	τό,	심판 (judgment)
σπέρμα,	σπέρματος,	τό,	씨, 후손 (seed)
στόμα,	στόματος,	τό,	입 (mouth)

F. - ος, - ους, τό (σ 줄기를 갖는 - ος로 끝나는 중성명사)

1. 용례 γένος (γενεσ -), τό, 성, 종류, 민족

격	단수	복수
1.	γένος	γένη *3
4.	γένος	γένη
2.	γένους *1	γενῶν *4
3.	γένει *2	γένεσι(ν)

줄기의 σ는 sg. 1, 4 격 외에는 사라진다.

*1 γένε + ος → γένους

*2 γένε + ι → γένει

*3 γένε + α → γένη

*4 γενέ + ων → γενῶν

2. σ 줄기를갖는 -ος로 끝나는 중성명사

ἔθνος,	ἔθνους,	τό,	민족, 국가	마 20:25
ἔτος,	ἔτους,	τό,	년, 해	마 9:20
μέλος,	μέλους,	τό,	지체	마 5:29

μέρος,	μέρους,	τό,	부분	눅 11:36
ὄρος,	ὄρους,	τό,	산	마 5:1
πλῆθος,	πλῆθους,	τό,	무리, 군중	막 3:7: 눅 5:6
σκότος,	σκότους,	τό,	어두움, 흑암	마 4:16
τέλος,	τέλους,	τό,	끝, 목표	마 24:6

G. υ로 끝나는 줄기

ἰχθῦς, ἰχθύος, ὁ, 물고기

격	단수	복수
1.	ἰχθῦ ς	ἰχθύ ες
4.	ἰχθῦ ν	ἰχθῦ ς
2.	ἰχθύ ος	ἰχθύ ων
3.	ἰχθύ ι	ἰχθύ σι(ν)

H. - ις, - εως, ἡ (-ις로 끝나는 여성명사)

1. 용례 πόλις, πόλεως, ἡ, 도시

격	단수	복수
1.	πόλ ις	πόλ εις
4.	πόλ ιν	πόλ εις
2.	πόλ εως	πόλ εων
3.	πόλ ει	πόλ εσι(ν)

2. - ις로 끝나는 명사

πίστις,	πίστεως,	ἡ,	믿음	마 8:10
δύναμις,	δυνάμεως,	ἡ,	힘, 능력	마 22:29
γένεσις,	γενέσεως,	ἡ,	출생, 생성	마 1:18
ἀνάστασις,	ἀναστάσεως,	ἡ,	부활	마 22:23
ἀποκάλυψις,	ἀποκαλύψεως,	ἡ,	계시	눅 2:32
ἄφεσις,	ἀφέσεως,	ἡ,	용서	마 26:28
γνῶσις,	γνώσεως,	ἡ,	지식	눅 11:52

θλῖψις,	θλίψεως,	ἡ,	환란	마 13:21
κρίσις,	κρίσεως,	ἡ,	심판	마 5:21
παράδοσις,	παραδόσεως,	ἡ,	전승	마 15:2
συνείδησις,	συνειδήσεως,	ἡ,	양심	행 23:1; 히 10:2

I. - εύς, - έως, ὁ (-εύς로 끝나는 남성명사)

1. 용례 βασιλεύς, βασιλέως, ὁ, 임금

격	단 수	복 수
1.	βασιλ ε ύς	βασιλ εῖς / -λῆς
4.	βασιλ έ α	βασιλ έ ας
2.	βασιλ έ ως	βασιλ έ ων
3.	βασιλ εῖ	βασιλ εῦ σι(ν)

2. - εύς로 끝나는 명사

ἀρχιερεύς,	ἀρχιερέως,	ὁ,	대제사장	(마 26:62)
γραμματεύς,	γραμματέως,	ὁ,	율법학자, 서기관	(마 23:2)
ἱερεύς,	ἱερέως,	ὁ,	제사장	(마 8:4)

J. 일부 명사의 격어미 변화

1. πατήρ, ἀνήρ, μήτηρ, θυγάτηρ의 격어미 변화

수	격	ὁ πατήρ, 아버지	ὁ ἀνήρ, 사람	ἡ μήτηρ, 어머니	ἡ θυγάτηρ, 딸
sg.	1.	πατήρ	ἀνήρ	μήτηρ	θυγάτηρ
	4.	πατέρα	ἄνδρα	μητέρα	θυγατέρα
	2.	πατρός	ἀνδρός	μητρός	θυγατρός
	3.	πατρί	ἀνδρί	μητρί	θυγατρί
pl.	1.	πατέρες	ἄνδρες	μητέρες	θυγατέρες
	4.	πατέρας	ἄνδρας	μητέρας	θυγατέρας
	2.	πατέρων	ἀνδρῶν	μητέρων	θυγατέρων
	3.	πατράσι(ν)	ἀνδράσι(ν)	μητράσι(ν)	θυγατράσι(ν)

2. χείρ, γυνή의 격어미 변화

수	격	χείρ, χειρός, ἡ, 손	γυνή, γυναικός, ἡ, 여인
sg.	1.	χείρ	γυνή
	4.	χεῖρα	γυναῖκα
	2.	χειρός	γυναικός
	3.	χειρί	γυναικί
pl.	1.	χεῖρες	γυναῖκες
	4.	χεῖρας	γυναῖκας
	2.	χειρῶν	γυναικῶν
	3.	χε* ρσί(ν)	γυναιξί(ν)

3. μάρτυς, πῦρ, φῶς의 격어미 변화(sg.: 제 3 변화, pl.: 제 2 변화)

수	격	ὁ μάρτυς, 증인 (줄기 μαρτυ-/μαρτυρ-)	τὸ πῦρ, 불	τὸ φῶς, 빛
sg.	1.	μάρτυς	πῦρ	φῶς
	4.	μάρτυρα	πῦρ	φῶς
	2.	μάρτυρος	πυρός	φωτός
	3.	μάρτυρι	πυρί	φωτί
pl.	1.	μάρτυρες	πυρά	φωτά
	4.	μάρτυρας	πυρά	φωτά
	2.	μαρτύρων	πυρῶν	φώτων
	3.	μάρτυσι(ν)	πυροῖς	φωσί(ν)

※ ὄναρ, τό, 꿈: 변화하지 않음(마 1:20)

연습문제 24

A. 문법

1. σάρξ, σαρκός, ἡ의 명사변화를 해보시오.
2. πνεῦμα, πνεύματος, τό의 명사변화를 해보시오.
3. γένος, γένους, τό의 명사변화를 해보시오.
4. βασιλεύς, βασιλέως, ἡ의 명사변화를 해보시오.
5. 아래 도표의 명사를 분해(parsing)하시오.

변화형 명사	성	수	격	단수 주격	뜻(의미)
ἄρχουσι					
ἐλπίδας					
ὀνόματι					

B. 아래 문장을 우리말로 옮기시오.

1. ἐγὼ ἐλήλυθα ἐν τῷ **ὀνόματι** τοῦ **πατρός** μου, καὶ οὐ λαμβάνετέ με· (요 5:43)
2. ἦν **ἀνὴρ** ἀγαθὸς καὶ πλήρης **πνεύματος** ἁγίου καὶ πίστεως. καὶ προσετέθη ὄχλος ἱκανὸς τῷ κυρίῳ. (행 11:24)
3. ἦμεν ἐν τῇ **σαρκί**, (롬 7:5)
4. διάκονοι ἔστωσαν μιᾶς **γυναικὸς** ἄνδρες, (딤전 3:12)
5. γινώσκομεν τὸ **πνεῦμα** τῆς ἀληθείας καὶ τὸ **πνεῦμα** τῆς πλάνης. (요일 4:6)

63. ἀληθής(m.f.), ἀληθές(n.)의 변화

줄기 : ἀληθες-

수	격	m. f.			n.
sg.	1.			ἀληθής	ἀληθές
	4.	ἀληθε(σ)-	→	ἀληθῆ	ἀληθές
	2.	ἀληθε(σ) ος	→	ἀληθοῦς	ἀληθοῦς
	3.	ἀληθε(σ) ι	→	ἀληθεῖ	ἀληθεῖ
pl.	1.	ἀληθε(σ) ες	→	ἀληθεῖς	ἀληθῆ
	4.	ἀληθε(σ) ες	→	ἀληθεῖς	ἀληθῆ
	2.	ἀληθε(σ) ων	→	ἀληθῶν	ἀληθῶν
	3.	ἀληθε(σ) σι(ν)	→	ἀληθέσι(ν)	ἀληθέσι(ν)

※ 줄기의 - σ는 대부분 떨어져 나가고 모음 단축이 일어난다.

연습문제 25

A. **문법**: 아래 도표의 단어(형용사)를 분해(parsing)하시오.

변화형 형용사	성	수	격	단수 주격	뜻(의미)
ἀληθοῦς					
ἀληθέσι					
ἀληθεῖς					

B. 아래 문장을 우리말로 옮기시오.

1. ὁ θεὸς **ἀληθής** ἐστιν. (요 3:33)
2. πάντα δὲ ὅσα εἶπεν Ἰωάννης περὶ τούτου **ἀληθῆ** ἦν. (요 10:41)
3. συμβέβηκεν αὐτοῖς τὸ τῆς **ἀληθοῦς** παροιμίας· (벧후 2:22)
4. πάλιν ἐντολὴν καινὴν γράφω ὑμῖν, ὅ ἐστιν **ἀληθὲς** ἐν αὐτῷ καὶ ἐν ὑμῖν, ὅτι ἡ σκοτία παράγεται καὶ τὸ φῶς τὸ ἀληθινὸν ἤδη φαίνει. (요일 2:8)

64. εἰμί 동사의 미래 직설법

수	인칭	변 화	특 징
sg.	1.	ἔσ ο μαι	※ 인칭어미 변화는 λύω의 미래 중간태 직설법 변화와 같다. 단, 3 인칭 sg.에 가변모음 ϵ가 없다는 점이 다른 점이다. ※ σ: 미래를 알리는 시상줄기
	2.	ἔσ ῃ	
	3.	ἔσ ται	
pl.	1.	ἐσ ό μεθα	
	2.	ἔσ ε σθε	
	3.	ἔσ ο νται	

65. πᾶς, πᾶσα, πᾶν의 변화

수	격	m.	f.	n.
sg.	1.	πᾶς	πᾶσα	πᾶν
	4.	πάντα	πᾶσαν	πᾶν
	2.	παντός	πάσης	παντός
	3.	παντί	πάσῃ	παντί
pl.	1.	πάντες	πᾶσαι	πάντα
	4.	πάντας	πάσας	πάντα
	2.	πάντων	πασῶν	πάντων
	3.	πά σι(ν)	πάσαις	πά σι(ν)

66. πᾶς의 용법

1. πᾶσα ἡ πόλις = all the city

서술적 위치이나 한정적 의미

2. ἡ **πᾶσα** πόλις = all the city, the whole city

한정적 위치이며 한정적 의미

οἱ **πάντες** μαθηταί = all the disciples

3. πᾶς가 단수명사와 함께 사용될 때 흔히 '-마다, 매'(every)의 뜻이다.

πᾶν ὄρος = every mountain 산마다

4. 관사와 함께한 분사와 더불어 사용될 때가 많다.

πᾶς ὁ πιστεύων = everyone who believes

πάντες οἱ πιστεύοντες = all those who believe

πάντα τὰ ὄντα ἐκεῖ = all the things that are there

연습문제 26

A. **문법**: 아래 도표의 단어(형용사)를 분해(parsing)하시오.

변화형 형용사	성	수	격	단수 주격	뜻(의미)
πάντες					
πάσῃ					
πάντα					

B. 아래 문장을 우리말로 옮기시오.

1. ἀκούσας δὲ ὁ βασιλεὺς Ἡρῴδης ἐταράχθη καὶ **πᾶσα** Ἱεροσόλυμα μετ' αὐτοῦ, καὶ συναγαγὼν **πάντας** τοὺς ἀρχιερεῖς καὶ γραμματεῖς τοῦ λαοῦ ἐπυνθάνετο παρ' αὐτῶν ποῦ ὁ χριστὸς γεννᾶται. (마 2:3-4)
2. οὕτως ἔσονται οἱ ἔσχατοι πρῶτοι καὶ οἱ πρῶτοι ἔσχατοι. (마 20:16)
3. ὁ πατὴρ ἀγαπᾷ τὸν υἱὸν καὶ **πάντα** δέδωκεν ἐν τῇ χειρὶ αὐτοῦ. (요 3:35)
4. καὶ οὕτως **πᾶς** Ἰσραὴλ σωθήσεται, (롬 11:26)
5. **Πάντες** γὰρ υἱοὶ θεοῦ ἐστε διὰ τῆς πίστεως ἐν Χριστῷ Ἰησοῦ· (갈 3:26)

67. 분 사

A. 형태

1. 분사의 꼬리 변화 유형 개관

단수 / 유형	m.	f.	n.	해당 분사
유형 1	- ων	- ουσα	- ον	pres., fut., 2aor. act.
유형 2	(σ) - ας	(σ) - ασα	(σ) - αν	1aor. act.
유형 3	(θ) - εις	(θ) - εισα	(θ) - εν	1aor. pass.
유형 4	(κ) - ως	(κ) - υια	(κ) - ος	perf. act.
유형 5	- μενος	- μενη	- μενον	mid., pass. (단, aor.제외)

※ 유형 1-4 : m., n. 에서 명사 제3변화형을, f. 에서 명사 제1변화형을 따른다.

※ 유형 5 : m., n. 에서 명사 제2변화형을, f. 에서 명사 제1변화형을 따른다.

2. 유형 1 : - ων, - ουσα, - ον

a. λύω 동사의 현재 능동태 분사

λύων, λύουσα, λῦον (loosing)

수	격	m.	f.	n.
sg.	1.	λύων	λύουσᾰ *	λῦον
	4.	λύοντα	λύουσᾰν	λῦον
	2.	λύοντος	λυούσης	λύοντος
	3.	λύοντι	λυούσῃ	λύοντι
pl.	1.	λύοντες	λύουσαι	λύοντα
	4.	λύοντας	λυούσᾱς	λύοντα
	2.	λυόντων	λυουσῶν	λυόντων
	3.	λύουσι(ν)	λυούσαις	λύουσι(ν)

* δόξα 변화와 동일

b. εἰμί 동사의 현재분사(being)

수	격	m.	f.	n.
sg.	1.	ὤν	οὖσα	ὄν
	4.	ὄντα	οὖσαν	ὄν
	2.	ὄντος	οὔσης	ὄντος
	3.	ὄντι	οὔσῃ	ὄντι
pl.	1.	ὄντες	οὖσαι	ὄντα
	4.	ὄντας	οὔσας	ὄντα
	2.	ὄντων	οὐσῶν	ὄντων
	3.	οὖσι(ν)	οὔσαις	οὖσι(ν)

① 숨표와 강세를 함께 갖는다(예외: οὐσῶν).

② -ντ- : m., n.; -σ- : f. (주의 : pl. 3 격)
(αντσιν → ασιν ; εντσιν → εισιν ; οντσιν → ουσιν)

c. 단축동사의 경우 모음 단축 법칙을 따른다.

① φιλέω의 현재 능동태 분사(loving)

수	격	m.	f.	n.
sg.	1.	φιλῶν	φιλοῦσα	φιλοῦν
	4.	φιλοῦντα	φιλοῦσαν	φιλοῦν
	2.	φιλοῦντος	φιλούσης	φιλοῦντος
	3.	φιλοῦντι	φιλούσῃ	φιλοῦντι
pl.	1.	φιλοῦντες	φιλοῦσαι	φιλοῦντα
	4.	φιλοῦντας	φιλούσας	φιλοῦντα
	2.	φιλοῦντων	φιλουσῶν	φιλοῦντων
	3.	φίλουσι(ν)	φιλούσαις	φίλουσι(ν)

② ἀγαπάω의 현재 능동태 분사

수	격	m.	f.	n.
sg.	1.	ἀγαπῶν	ἀγαπῶσα	ἀγαπῶν
	4.	ἀγαπῶντα	ἀγαπῶσαν	ἀγαπῶν
	2.	ἀγαπῶντος	ἀγαπώσης	ἀγαπῶντος
	3.	ἀγαπῶντι	ἀγαπώσῃ	ἀγαπῶντι
pl.	1.	ἀγαπῶντες	ἀγαπῶσαι	ἀγαπῶντα
	4.	ἀγαπῶντας	ἀγαπώσας	ἀγαπῶντα
	2.	ἀγαπώντων	ἀγαπωσῶν	ἀγαπώντων
	3.	ἀγαπῶσι(ν)	ἀγαπώσαις	ἀγαπῶσι(ν)

③ δηλόω의 현재 능동태 분사

수	격	m.	f.	n.
sg.	1.	δηλῶν	δηλοῦσα	δηλοῦν
	4.	δηλοῦντα	δηλοῦσαν	δηλοῦν
	2.	δηλοῦντος	δηλούσης	δηλοῦντος
	3.	δηλοῦντι	δηλούσῃ	δηλοῦντι
pl.	1.	δηλοῦντες	δηλοῦσαι	δηλοῦντα
	4.	δηλοῦντας	δηλούσας	δηλοῦντα
	2.	δηλούντων	δηλουσῶν	δηλούντων
	3.	δηλοῦσι(ν)	δηλούσαις	δηλοῦσι(ν)

연습문제 27

A. 문법

1. εἰμί의 현재 분사 변화를 해보시오.
2. 아래 도표의 분사를 분해(parsing)하시오.

변화형 분사	성	수	격	시제	태	기본형 (남.단.주.현.능)	뜻(의미)
πιστεύοντες							
σῶζον							
ἀναβαινούσῃ							

B. 아래 문장을 우리말로 옮기시오.

1. Ἦσαν δὲ ἐκεῖ γυναῖκες πολλαὶ ἀπὸ μακρόθεν **θεωροῦσαι**, (마 27:55)
2. πολλοὶ ἐλεύσονται ἐπὶ τῷ ὀνόματί μου **λέγοντες** ὅτι ἐγώ εἰμι, καὶ πολλοὺς πλανήσουσιν. (막 13:6)
3. οὗτός ἐστιν ὁ **βαπτίζων** ἐν πνεύματι ἁγίῳ. (요 1:33)
4. ἔκραξεν οὖν ἐν τῷ ἱερῷ **διδάσκων** ὁ Ἰησοῦς … (요 7:28)
5. ἐπίστευσεν θεοῦ τοῦ **ζῳοποιοῦντος** τοὺς νεκροὺς καὶ **καλοῦντος** τὰ μὴ **ὄντα** ὡς **ὄντα**. (롬 4:17)

d. 제 2 단순과거 능동태 분사

① εἶδον (βλέπω 또는 ὁράω의 aorist)에서 접두모음과 꼬리를 떼면 변화의 줄기 ἰδ를 찾을 수 있다.

② ἰδ-에 ων, ουσα, ον을 붙인다.

③ 강세는 명사법칙을 따른다(비교: 현재 능동태 분사의 경우는 동사 법칙을 따른다).

④ 의미는 'having seen' 이다.

수	격	m.	f.	n.
sg.	1.	ἰδών	ἰδοῦσα	ἰδόν
	4.	ἰδόντα	ἰδοῦσαν	ἰδόν
	2.	ἰδόντος	ἰδούσης	ἰδόντος
	3.	ἰδόντι	ἰδούσῃ	ἰδόντι
pl.	1.	ἰδόντες	ἰδοῦσαι	ἰδόντα
	4.	ἰδόντας	ἰδούσας	ἰδόντα
	2.	ἰδόντων	ἰδουσῶν	ἰδόντων
	3.	ἰδοῦσι(ν)	ἰδούσαις	ἰδοῦσι(ν)

※ εἶπον의 경우 줄기는 εἰπ- 이다.

연습문제 28

A. 문법

1. βλέπω(ὁράω)의 제2단순과거 능동태 분사 변화를 해보시오.
2. 아래 도표의 분사를 분해(parsing)하시오.

변화형 분사	성	수	격	시제	태	기본형 (남.단.주.현.능)	뜻(의미)
λαβόντες							
ἀκούσασας							
διώξαν							

B. 아래 문장을 우리말로 옮기시오.

1. **ἰδὼν** δὲ τοὺς ὄχλους ἀνέβη εἰς τὸ ὄρος, καὶ **καθίσαντος** αὐτοῦ προσῆλθαν αὐτῷ οἱ μαθηταὶ αὐτοῦ· (마 5:1)
2. εὐθὺς ἐκ τῆς συναγωγῆς **ἐξελθόντες** ἦλθον εἰς τὴν οἰκίαν Σίμωνος ··· (막 1:29)
3. **ἀκούσασα** περὶ τοῦ Ἰησοῦ, **ἐλθοῦσα** ἐν τῷ ὄχλῳ ὄπισθεν ἥψατο τοῦ ἱματίου αὐτοῦ· (막 5:27)
4. εὐθὺς **κράξας** ὁ πατὴρ τοῦ παιδίου ἔλεγεν· πιστεύω· (막 9:24)
5. καὶ **παραλαβὼν** πάλιν τοὺς δώδεκα ἤρξατο αὐτοῖς λέγειν τὰ μέλλοντα αὐτῷ συμβαίνειν ··· (막 10:32)

3. 유형 2: (σ) - ας, - ασα, - αν

λύω 동사의 단순과거 능동태 분사 (having loosed)

a. 특징: 모든 변화에 - σα - 가 나타난다.

b. 줄기 만드는 법

① 단순과거의 접두모음은 직설법에서만 붙기 때문에 분사에서는 접두모음을 뗀다.

② ἀκούω 의 aor. 1P. sg.는 ἤκουσα이다.

③ 그러나 분사의 줄기는 ἀκούσας, ἀκούσασα, ἀκοῦσαν이다.

c. 변화

수	격	m.	f.	n.
sg.	1.	λύσας	λύσασα	λῦσαν
	4.	λύσαντα	λύσασαν	λῦσαν
	2.	λύσαντος	λυσάσης	λύσαντος
	3.	λύσαντι	λυσάσῃ	λύσαντι
pl.	1.	λύσαντες	λύσασαι	λύσαντα
	4.	λύσαντας	λυσάσᾱς	λύσαντα
	2.	λυσάντων	λυσασῶν	λυσάντων
	3.	λύσασι(ν)	λυσάσαις	λύσασι(ν)

4. 유형 3: (θ) - εις, - εισα, - εν

λύω 동사의 단순과거 수동태 분사 (having been loosed)

a. 줄기는 λυθ-이며, 분사에는 접두모음이 없다.

b. 불규칙한 강세

① sg. 1 격(N. 주격) : 종음절 또는 전종음절에 강세가 있다.

② f. pl. 2 격(G. 속격) : 종음절에 서컴플렉스가 붙는다.

③ 그 외는 명사법칙을 따라 강세를 붙인다.

c. 변화

수	격	m.	f.	n.
sg.	1.	λυθείς	λυθεῖσα	λυθέν
	4.	λυθέντα	λυθεῖσαν	λυθέν
	2.	λυθέντος	λυθείσης	λυθέντος
	3.	λυθέντι	λυθείσῃ	λυθέντι
pl.	1.	λυθέντες	λυθεῖσαι	λυθέντα
	4.	λυθέντας	λυθείσας	λυθέντα
	2.	λυθέντων	λυθεισῶν	λυθέντων
	3.	λυθεῖσι(ν)	λυθείσαις	λυθεῖσι(ν)

연습문제 29

A. 문법

1. βλέπω(ὁράω)의 제2단순과거 수동태 분사 변화를 해보시오.
2. 아래 도표의 분사를 분해(parsing)하시오.

변화형 분사	성	수	격	시제	태	기본형 (남.단.주.현.능)	뜻(의미)
βαπτισθείς							
κληθέντος							
εὐαγγελισθέν							

B. 아래 문장을 우리말로 옮기시오.

1. ὁ πιστεύσας καὶ **βαπτισθεὶς** σωθήσεται, ὁ δὲ ἀπιστήσας κατακριθήσεται. (막 16:16)

2. **κληθέντος** δὲ αὐτοῦ ἤρξατο κατηγορεῖν ὁ Τέρτυλλος … (행 24:2)

3. Γνωρίζω γὰρ ὑμῖν, ἀδελφοί, τὸ εὐαγγέλιον τὸ **εὐαγγελισθὲν** ὑπ' ἐμοῦ ὅτι οὐκ ἔστιν κατὰ ἄνθρωπον· (갈 1:11)

5. 유형 4 : (κ) - ως, - υια, - ος

λύω 동사의 현재완료 능동태 분사 (having loosed)

a. 줄기는 **λελυκ-** 이다.
b. 강세는 불규칙적이다.
c. 변 화

수	격	m.	f.	n.
sg.	1.	λελυκώς	λελυκυῖα	λελυκός
	4.	λελυκότα	λελυκυῖαν	λελυκός
	2.	λελυκότος	λελυκυίας*	λελυκότος
	3.	λελυκότι	λελυκυίᾳ	λελυκότι
pl.	1.	λελυκότες	λελυκυῖαι	λελυκότα
	4.	λελυκότας	λελυκυίας*	λελυκότα
	2.	λελυκότων	λελυκυιῶν	λελυκότων
	3.	λελυκόσι(ν)	λελυκυίαις	λελυκόσι(ν)

연습문제 30

A. 문법

1. ἀκούω의 현재완료 능동태 분사 변화를 해보시오.
2. 아래 도표의 분사를 분해(parsing)하시오.

변화형 분사	성	수	격	시제	태	기본형 (남.단.주.현.능)	뜻(의미)
πεπιστευκότας							
κεκληκότι							
πεποιηκυῖα							

B. 아래 문장을 우리말로 옮기시오.

1. Ἔλεγεν δὲ καὶ τῷ **κεκληκότι** αὐτόν· ὅταν ποιῇς ἄριστον ἢ δεῖπνον, μὴ φώνει τοὺς φίλους σου μηδὲ τοὺς ἀδελφούς σου … (눅 14:12)
2. ἐρώτησον τοὺς **ἀκηκοότας** τί ἐλάλησα αὐτοῖς· (요 18:21)
3. οἱ **πεπιστευκότες** θεῷ· (딛 3:8)

6. 유형 5 : - μενος, - μένη, - μενον

a. 꼬리 변화

① m., n. : 명사 제 2 변화
② f. : 명사 제 1 변화

수	격	m.	f.	n.
sg.	1.	- μενος	- μένη	- μενον
	4.	- μενον	- μένην	- μενον
	2.	- μενου	- μένης	- μένου
	3.	- μένῳ	- μένῃ	- μένῳ
Pl.	1.	- μενοι	- μεναι	- μενα
	4.	- μένους	- μένας	- μενα
	2.	- μένων	- μένων	- μένων
	3.	- μένοις	- μέναις	- μένοις

b. λύω 동사의 현재 중간태/수동태 분사 (강세는 동사법칙을 따름)

λυ - ο - μεν - (ος , η , ον) (being loosed)

수	격	m.	f.	n.
sg.	1.	λυόμενος	λυομένη	λυόμενον
	4.	λυόμενον	λυομένην	λυόμενον
	2.	λυομένου	λυομένης	λυομένου
	3.	λυομένῳ	λυομένῃ	λυομένῳ
pl.	1.	λυόμενοι	λυόμεναι	λυόμενα
	4.	λυομένους	λυομένᾱς	λυόμενα
	2.	λυομένων	λυομένων	λυομένων
	3.	λυομένοις	λυομέναις	λυομένοις

c. λύω 동사의 제 1 단순과거 중간태 분사 (강세는 동사법칙을 따름)

λυ - σα - μεν - (ος, η, ον) (having loosed for oneself)

수	격	m.	f.	n.
sg.	1.	λυσάμενος	λυσαμένη	λυσάμενον
	4.	λυσάμενον	λυσαμένην	λυσάμενον
	2.	λυσαμένου	λυσαμένης	λυσαμένου
	3.	λυσαμένῳ	λυσαμένῃ	λυσαμένῳ
pl.	1.	λυσάμενοι	λυσάμεναι	λυσάμενα
	4.	λυσαμένους	λυσαμένας	λυσάμενα
	2.	λυσαμένων	λυσαμένων	λυσαμένων
	3.	λυσαμένοις	λυσαμέναις	λυσαμένοις

d. **λαμβάνω** 동사의 제 2 단순과거 중간태 분사

λαμβάνω, ἔλαβον의 줄기 λαβ- (having taken for oneself)

수	격	m.	f.	n.
sg.	1.	λαβόμενος	λαβομένη	λαβόμενον
	4.	λαβόμενον	λαβομένην	λαβόμενον
	2.	λαβομένου	λαβομένης	λαβομένου
	3.	λαβομένῳ	λαβομένῃ	λαβομένῳ
pl.	1.	λαβόμενοι	λαβόμεναι	λαβόμενα
	4.	λαβομένους	λαβομένᾱς	λαβόμενα
	2.	λαβομένων	λαβομένων	λαβομένων
	3.	λαβομένοις	λαβομέναις	λαβομένοις

e. **λύω** 동사의 현재완료 중간태/수동태 분사

λελυ- : 중첩두어를 붙인 줄기 (having been loosed, 강세는 전종음절에 붙는다.)

수	격	m.	f.	n.
sg.	1.	λελυμένος	λελυμένη	λελυμένον
	4.	λελυμένον	λελυμένην	λελυμένον
	2.	λελυμένου	λελυμένης	λελυμένου
	3.	λελυμένῳ	λελυμένῃ	λελυμένῳ
pl.	1.	λελυμένοι	λελυμέναι	λελυμένα
	4.	λελυμένους	λελυμένας	λελυμένα
	2.	λελυμένων	λελυμένων	λελυμένων
	3.	λελυμένοις	λελυμέναις	λελυμένοις

연습문제 31

A. 문법

1. πιστεύω의 현재 중간태/수동태 분사 변화를 해보시오.
2. πιστεύω의 제1단순과거 중간태 분사 변화를 해보시오.
3. λαμβάνω의 제2단순과거 중간태 분사 변화를 해보시오.
4. ἀκούω의 현재완료 중간태/수동태 분사 변화를 해보시오.
5. 아래 도표의 분사를 분해(parsing)하시오.

변화형 분사	성	수	격	시제	태	기본형 (남.단.주.현.능)	뜻(의미)
διωκόμενοι							
πιστευσαμένῃ							
ἰδοῦσι(ν)							
λελυμένα							

B. 아래 문장을 우리말로 옮기시오.

1 Ὁ **δεχόμενος** ὑμᾶς ἐμὲ δέχεται, καὶ ὁ ἐμὲ **δεχόμενος** δέχεται τὸν ἀποστείλαντά με. (마 10:40)

2. ὅσα ἠκούσαμεν **γενόμενα** εἰς τὴν Καφαρναοὺμ ποίησον καὶ ὧδε ἐν τῇ πατρίδι σου. (눅 4:23)

3. Καὶ ἐγένετο ἐν τῷ ἑξῆς ἐπορεύθη εἰς πόλιν **καλουμένην** Ναῒν … (눅 7:11)

4. **παραγενόμενοι** δὲ πρὸς αὐτὸν οἱ ἄνδρες εἶπαν· (눅 7:20)

5. Ἔλεγεν δὲ πρὸς τοὺς **κεκλημένους** παραβολήν, (눅 14:7)

6. οὕτως ἐστὶν πᾶς ὁ **γεγεννημένος** ἐκ τοῦ πνεύματος. (요 3:8)

7. Μετὰ δὲ τὸ παύσασθαι τὸν θόρυβον **μεταπεμψάμενος** ὁ Παῦλος τοὺς μαθητὰς καὶ παρακαλέσας, **ἀσπασάμενος** ἐξῆλθεν πορεύεσθαι εἰς Μακεδονίαν. (행 20:1)

8. **ἀσπασάμενοι** τοὺς ἀδελφοὺς ἐμείναμεν ἡμέραν μίαν παρ' αὐτοῖς. (행 21:7)

B. 분사 개관

시상	시제	능동태	중간태	수동태
제 1 시상	pres.	λυ-	λυο-	
		-ων, -ουσα, -ον	-μενος, -μενη, -μενον	
	fut.	λυσ-	λυσο-	λυθησο-
		-ων, -ουσα, -ον	-μενος, -μενη, -μενον	-μενος, -μενη, -μενον
	perf.	λελυκ-	λελυ-	
		-ως, -υια, -ος	-μενος, -μενη, -μενον	
제 2 시상	impf.			
	aor.	λυσ-	λυσα-	λυθ-
		-ας, -ασα, -αν	-μενος, -μενη, -μενον	-εις, -εισα, -εν
	2aor.	ἰδ-, εἰπ-	ἰδ-ο-, λαβ-	γραφ-
		-ων, -ουσα, -ον	-μενος, -μενη, -μενον	-εις, -εισα, -εν

C. 용법

I. 분사란?

a. 분사란 동사적 형용사(verbal adjective)이다.

b. 형용사이기 때문에 분사는 성, 수, 격을 가지며 다른 형용사처럼 수식하는 명사가 가진 성, 수, 격에 일치(agreement)해야 한다.

c. 분사는 동사의 성질을 가지고 있어서

① 시제(tense)와 태(voice)를 가지며,

② 부사적 수식어(adverbial modifier)를 가질 수 있고,

③ 타동사일 경우 직접 목적어(direct object)를 가질 수 있다.

예 1 ὁ ἀπόστολος λέγων ταῦτα ἐν τῷ ἱερῷ βλέπει τὸν κύριον.

m.sg.1. S m.sg.1. dir.obj. ad.mod. V O

→ The apostle, saying these things in the temple, sees the Lord.

예 2 βλέπομεν τὸν ἀπόστολον λέγοντα ταῦτα ἐν τῷ ἱερῷ.

S+V O m.sg.4. m.sg.4. O' ad.mod.

→ We see the apostle saying these things in the temple.

예 3 προσερχόμεθα τῷ ἀποστόλῳ [λέγοντι] ταῦτα ἐν τῷ ἱερῷ.

S+V   m.sg.3.   m.sg.3.   O'   ad.mod.

→ We come to the apostle while * he is saying these things ...

* 현재분사가 시간을 나타낼 때, 대개 ' ~ 하는 동안에' 또는 ' ~ 할 때'(while)로 해석하는 것이 좋다. 그렇게 볼 때, [예 1]은 다음과 같이 번역하는 것이 더 낫다.
While the apostle is saying these things in the temple, he sees the Lord.

예 4 [διδασκομένῳ] ὑπο τοῦ ἀποστόλου προσέρχονται αὐτῷ οἱ δοῦλοι.

m.sg.3.   ad.mod.   V   m.sg.3.   S

→ While he is being taught by the apostle, the servants are coming to him.

2. 분사의 시제

a. 현재분사의 경우: 주동사의 시제와 같다.

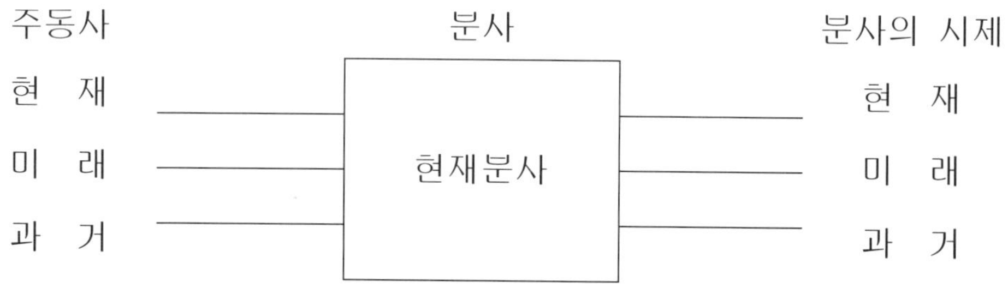

주동사와 분사의 동작이 일어난 시간이 같다.

예 1 [διδασκομένῳ] ὑπὸ τοῦ ἀποστόλου προσῆλθον [αὐτῷ] οἱ δοῦλοι.

m.sg.3. 현재분사   ad.mod.   V 단순과거   m.sg.3.   S

→ While he was being taught by the apostle, the servants came to him.

예 2 [πορευομένῳ] ἐν τῇ ὁδῷ προσῆλθον [αὐτῷ] οἱ μαθηταὶ.

m.sg.3. 현재분사   ad.mod.   V 단순과거   m.sg.3.   S

→ While he was going in the way, the disciples came to him.

예 3 [πορευόμενος] ἐν τῇ ὁδῷ εἶδε τυφλόν.

m.sg.1. 현재분사   ad.mod.   (S)+V   O

→ While he was going in the way, he saw a blind man.

b. 단순과거 분사의 경우: 주동사의 동작보다 앞선 시제를 나타낸다.

예 1 ὁ ἀπόστολος εἰπὼν ταῦτα ἐν τῷ ἱερῷ βλέπει τὸν κύριον.

S m.sg.1. m.sg.1.과거분사 O' ad.mod. V 현재 O

→ The apostle having said these things in the temple is seeing the Lord.

예 2 εἰπὼν ταῦτα ἀπῆλθεν. 비교. λέγων ταῦτα ἀπῆλθεν.

m.sg.1. 과거 O' (S)+V 과거 (He went away saying these things.)

→ Having said these things he went away.

예 3 εἰπὼν ταῦτα ἀπέρχεται.

m.sg.1. O' (S)+V m.sg.1.

→ Having said these things he goes away.
또는 After he has said these things he goes away.

예 4 προσῆλθον αὐτῷ εἰπόντι ταῦτα.

(S)+V m.sg.3. m.sg.3. O'

비교. προσῆλθον αὐτῷ λέγοντι ταῦτα.
They came to him while he was saying these things.

→ They came to him having said these things.

예 5 ἐλθόντες πρὸς τὸν κύριον ὀψόμεθα αὐτόν.

m.pl.1. ad.mod. (S)+V O

→ Having come to the Lord we shall see Him. 또는

When (or after) we had come to the Lord we shall see Him.

3. 분사의 용법

분사는 형용사처럼 한정적, 서술적, 독립적으로 사용된다.

a. 한정적 용법

예 1 ὁ ἀγαθὸς ἀπόστολος

→ the good apostle

ὁ λέγων ταῦτα ἐν τῷ ἱερῷ ἀπόστολος

m.sg.1. O' ad.mod.

→ the-saying-these-things-in-the-temple-apostle 또는
the apostle (who is) saying these things in the temple

예 2 ὁ ἀπόστολος ὁ ἀγαθός

→ the good apostle

ὁ ἀπόστολος ὁ λέγων ταῦτα ἐν τῷ ἱερῷ

O' ad.mod.

단순과거분사의 한정적 용법

ὁ μαθητὴς **ὁ ἀκούσας** ταῦτα ἐν τῷ ἱερῷ ἦλθεν εἰς τὸν οἶκον.

→ The disciple who had heard these things in the temple went into the house.

※ 서술적 용법

ὁ μαθητὴς **ἀκούσας** ταῦτα ἐν τῷ ἱερῷ ἦλθεν εἰς τὸν οἶκον.

→ The disciple, when he had heard these things in the temple, went into the house.

b. 서술적 용법

예 1 ὁ ἀπόστολος ἀγαθός

ἀγαθὸς ὁ ἀπόστολος

예 2 ὁ ἀπόστολος λέγων ταῦτα ἐν τῷ ἱερῷ

λέγων ταῦτα ἐν τῷ ἱερῷ ὁ ἀπόστολος

비교. ὁ ἀπόστολος **ὁ λέγων** ταῦτα ἐν τῷ ἱερῷ βλέπει τὸν κύριον(한정적 용법).

ὁ ἀπόστολος **λέγων** ταῦτα ἐν τῷ ἱερῷ βλέπει τὸν κύριον(서술적 용법).

εἶδον τοὺς ἀποστόλους λέγοντας ταῦτα.

→ I saw the apostles While they were saying these things. 또는
I saw the apostles saying these things.

εἶδον τοὺς ἀποστόλους τοὺς λέγοντας ταῦτα.

→ I saw the apostles who were saying these things.

c. 명사적 용법

형용사의 명사적 용법과 같다(관사와 함께 사용).

ὁ ἀγαθός	(the good man)	ἡ ἀγαθή	(the good woman)
τὸ ἀγαθόν	(the good thing)	οἱ ἀγαθοί	(the good men)

예 1 εἶδον τὸν λέγοντα ταῦτα ἐν τῷ ἱερῷ.

→ I saw the one who was saying these things in the temple.

예 2 εἶδον τοὺς λέγοντας ταῦτα.

→ I saw those who were saying these things.

예 3 ὁ ἀδελφὸς τῆς λεγούσης ταῦτα δοῦλός ἐστιν.

→ The brother of the woman who is saying these things is a servant.

예 4 ὁ πιστεύων εἰς τὸν ἐγείροντα τοὺς νεκροὺς σῴζεται.

→ He who believes in the One who raises the dead is being saved.

예 5 τὸ σῷζον τοὺς ἀνθρώπους τὸ θέλημα τοῦ θεοῦ ἐστιν.

→ The thing that saves men is the will of God.

예 6 τὰ βλεπόμενα οὐ μένει εἰς τὸν αἰῶνα.

→ The things that are seen do not remain for ever.

예 7 ὁ ἀκούσας ταῦτα ἀπῆλθεν.

→ He who had heard these things went away.

예 8 εἶδον τοὺς εἰπόντας ταῦτα.

→ I saw those (the one, the men) who had said these things.

현재 분사

act.	λύων	→	loosing
mid.	λυόμενος	→	loosing for himself
pass.	λυόμενος	→	being loosed

<u>관사를 가진 현재분사</u>

act.	ὁ λύων	→	the man who looses the one who looses he who looses
mid.	ὁ λυόμενος	→	the man who looses for himself the one who looses for himself he who looses for himself
pass.	ὁ λυόμενος	→	the man who is being loosed. the one who is being loosed he who is being loosed
act.	τὸ λῦον	→	the thing that looses that which looses
act.	οἱ λύοντες	→	the men who loose the one who loose those who loose

연습문제 32

※ 아래 문장을 우리말로 옮기시오.

1. ἔκραξεν οὖν ἐν τῷ ἱερῷ **διδάσκων** ὁ Ἰησοῦς … (요 7:28)
2. δύναμις γὰρ θεοῦ ἐστιν εἰς σωτηρίαν παντὶ τῷ **πιστεύοντι**, (롬 1:16)
3. Καὶ εὐθὺς ἐκ τῆς συναγωγῆς **ἐξελθόντες** ἦλθον εἰς τὴν οἰκίαν Σίμωνος … (막 1:29)
4. Ταῦτα εἶπεν ἐν συναγωγῇ **διδάσκων** ἐν Καφαρναούμ. (요 6:59)
5. Ταῦτα **εἰπὼν** Ἰησοῦς ἐξῆλθεν σὺν τοῖς μαθηταῖς αὐτοῦ … (요 18:1)
6. πολλοὶ ἐλεύσονται ἐπὶ τῷ ὀνόματί μου **λέγοντες** ὅτι ἐγώ εἰμι, (막 13:6)
7. οὗτός ἐστιν ὁ **βαπτίζων** ἐν πνεύματι ἁγίῳ. (요 1:33)
8. πόθεν οὖν ἔχεις τὸ ὕδωρ τὸ **ζῶν**; (요 4:11)

68. 단순과거 수동태 분사의 용법

A. 서술적 용법

예 1 ἐκβληθέντα τὰ δαιμόνια ὑπὸ τοῦ κυρίου ἀπῆλθεν εἰς τὴν θάλασσαν.

→ The demons, having been cast out by the Lord, went away into the sea. 또는 When(After) the demons had been cast out by the Lord, went …

예 2 ἐγερθέντι ἐκ νεκρῶν προσῆλθον αὐτῷ.

→ they came to Him after He had been raised from the dead.

B. 한정적 용법

예 1 ὁ μαθητὴς ὁ διωχθεὶς ὑπὸ τῶν ἀρχόντων ὄψεται τὴν δόξαν τοῦ κυρίου.

→ The disciple who are persecuted by the rulers will see the glory of the Lord.

예 2 παρέλαβον τὸ δῶρον τὸ πεμφθὲν ἀφ' ὑμῶν.

→ I received the gift having been sent from you.

C. 독립적 용법

예 οἱ διδαχθέντες ὑπὸ τοῦ ἀποστόλου ἦλθον εἰς τὸν οἶκον.

→ The having-been-taught-by-the-apostle men came into the house. 또는 The man (the ones, those) who had been taught by the apostle came into the house.

단순과거 분사

act.	λύσας	→	having loosed
mid.	λυσάμενος	→	having loosed for himself
pass.	λυθείς	→	having been loosed

관사를 가진 단순과거 분사

act.	ὁ λύσας	→	The man(the one, he) who (has) loosed
mid.	ὁ λυσάμενος	→	The man(the one, he) who (has) loosed for himself
pass.	ὁ λυθείς	→	The man(the one, he) who has been(was) loosed

69. 절대속격구문/속격독립구문

절대속격(genitivus absolutus)은 어떤 명사나 대명사가 서술적인 분사와 함께 속격(G. 2격)으로 사용되는 구문으로 어떤 문장 안에서 독립적인 문장 구실을 한다. 이때 분사와 함께 사용된 속격은 분사의 주어 역할을 한다.

예 1 εἰπόντων ταῦτα τῶν ἀποστόλων οἱ μαθηταί ἀπῆλθον.

→ The **apostles** having said these things, the **disciples** went away. (다른 주어)

비교. εἰπόντες ταῦτα οἱ ἀπόστολοι ἀπῆλθον.

→ The apostles, having said these things, went away. (같은 주어)
After **the apostles** had said these things **they** went away.

예 2 λέγοντος αὐτοῦ ταῦτα οἱ μαθηταὶ ἀπῆλθον.

→ While **he** was saying these things, **the disciples** went away. (다른 주어)

비교. λέγων ταῦτα ἀπῆλθεν.

→ While **he** was saying these things **he** went away. (같은 주어)
He went away saying these things.

예 3 τῶν μαθητῶν διδαχθέντων ὑπὸ τοῦ κυρίου ἐξῆλθον εἰς τὴν ἔρημον οἱ δοῦλοι.

→ When **the disciples** had been taught by the Lord, **the servants** went out into the desert. (다른 주어)

비교. οἱ μαθηταὶ διδαχθέντες ὑπὸ τοῦ κυρίου ἐξῆλθον εἰς τὴν ἔρημον.

→ When **the disciples** had been taught by the Lord, **they** went out into the desert. (같은 주어)

연습문제 33

※ 아래 문장을 우리말로 옮기시오.

1. καὶ **γενομένου σαββάτου** ἤρξατο διδάσκειν ἐν τῇ συναγωγῇ, (막 6:2)
2. Ἔτι **αὐτοῦ λαλοῦντος** ἔρχεταί τις παρὰ τοῦ ἀρχισυναγώγου λέγων ὅτι τέθνηκεν ἡ θυγάτηρ σου· (눅 8:49)
3. ταῦτα οὐκ **ἔγνωσαν αὐτοῦ** οἱ μαθηταὶ τὸ πρῶτον, (요 12:16)

70. 미래 분사

미래 분사는 주동사의 동작 이후의 동작을 나타낸다.

구 분	act.	mid.	pass.
줄 기	λυσ-	λυσο-	λυθησο-
변 화	-ων, -ουσα, -ον	-μενος, -μενη, -μενον	

예 1 Μωϋσῆς μὲν πιστὸς εἰς μαρτύριον τῶν λαληθησομένων.

→ Moses was faithful for a testimony of things which were to be spoken **later**. (히 3:5)

예 2 ᾔδει γὰρ ἐξ ἀρχῆς ὁ Ἰησοῦς
τίνες εἰσὶν οἱ μὴ πιστεύοντες
καὶ τίς ἐστιν ὁ παραδώσων αὐτόν.

→ For Jesus **had known** from the beginning which of them **did not** believe and who would betray him. (요 6:64)

연습문제 34

※ 아래 문장을 우리말로 옮기시오.

1. ᾔδει γὰρ ἐξ ἀρχῆς ὁ Ἰησοῦς τίνες εἰσὶν οἱ μὴ πιστεύοντες καὶ τίς ἐστιν ὁ **παραδώσων** αὐτόν. (요 6:64)
2. καὶ ὃ σπείρεις, οὐ τὸ σῶμα τὸ **γενησόμενον** σπείρεις ἀλλὰ γυμνὸν κόκκον εἰ τύχοι σίτου ἤ τινος τῶν λοιπῶν· (고전 15:37)
3. Μωϋσῆς μὲν πιστὸς ἐν ὅλῳ τῷ οἴκῳ αὐτοῦ ὡς θεράπων εἰς μαρτύριον τῶν **λαληθησομένων**, (히 3:5)

71. 제 2 단순과거 수동태 분사

A. 특징

제 1 단순과거 수동태 분사의 변화를 취하나 θ 를 붙이지 않는다.

B. 변화

수	격	m.	f.	n.
sg.	1.	γραφείς	γραφεῖσα	γραφέν
	4.	γραφέντα	γραφεῖσαν	γραφέν
	2.	γραφέντος	γραφείσης	γραφέντος
	3.	γραφέντι	γραφείσῃ	γραφέντι
pl.	1.	γραφέντες	γραφεῖσαι	γραφέντα
	4.	γραφέντας	γραφείσας	γραφέντα
	2.	γραφέντων	γραφεισῶν	γραφέντων
	3.	γραφεῖσι(ν)	γραφείσαις	γραφεῖσι(ν)

72. 가정법

A. 특징

가정법은 비실재적인 일의 개연성(probability)이나 가능성(possibility)을 가상하는 것으로 명령, 권면, 협의, 소원, 목적, 금지, 강한 부정, 미확정 등을 표현한다. 현재 가정법, 단순과거 가정법, 완료 가정법이 있는데 완료 가정법은 아주 드물게 나타나며 현재 가정법과 단순과거 가정법의 차이는 시간적인 것이 아니라 동작의 종류나 양식에 있다.

1. 현재 가정법 : 반복 또는 계속적인 동작, 진행적이고 선적인(linear) 동작
2. 단순과거 가정법 : 일회적이고 점적인(punctiliar) 동작

B. 변화

1. λύω 동사의 변화

시상	수	인칭	능동태	중간태	수동태
현재	sg.	1.	λύ ω	λύ ωμαι	중간태와 동일
		2.	λύ ῃς	λύ ῃ [*1]	
		3.	λύ ῃ	λύ ηται	
	pl.	1.	λύ ωμεν	λυ ώμεθα	
		2.	λύ ητε	λύ ησθε	
		3.	λύ ωσι(ν)	λύ ωνται	
제1단순과거	sg.	1.	λύσ ω [*2]	λύσ ωμαι	λυθέ ω → λυθῶ
		2.	λύσ ῃς	λύσ ῃ [*2]	λυθέ ῃς → λυθῇς
		3.	λύσ ῃ	λύσ ηται	λυθέ ῃ → λυθῇ
	pl.	1.	λύσ ωμεν	λυσ ώμεθα	λυθέ ωμεν → λυθῶμεν
		2.	λύσ ητε	λύσ ησθε	λυθέ ητε → λυθῆτε
		3.	λύσ ωσι(ν)	λύσ ωνται	λυθέ ωσι(ν) → λυθῶσιν

*1 직설법과 같다.
*2 직설법 미래형과 같다.

2. λίπω, λύω 동사의 변화

시상	수	인칭	능동태	중간태	수동태
제2단순과거	sg.	1.	λίπ ω	λίπ ωμαι	γραφ ῶ
		2.	λίπ ῃς	λίπ ῃ	γραφ ῇς
		3.	λίπ ῃ	λίπ ηται	γραφ ῇ
	pl.	1.	λίπ ωμϵν	λιπ ώμϵθα	γραφ ῶμϵν
		2.	λίπ ητϵ	λίπ ησθϵ	γραφ ῆτϵ
		3.	λίπ ωσι(ν)	λίπ ωνται	γραφ ῶσι(ν)
현재완료	sg.	1.	λϵλύκ ω	λϵλυμένοσ ὦ	중간태와 동일
		2.	λϵλύκ ῃς	λϵλυμένοσ ᾖς	
		3.	λϵλύκ ῃ	λϵλυμένοσ ᾖ	
	pl.	1.	λϵλύκ ωμϵν	λϵλυμένοι ὦμϵν	
		2.	λϵλύκ ητϵ	λϵλυμένοι ἦτϵ	
		3.	λϵλύκ ωσι(ν)	λϵλυμένοι ὦσι(ν)	

3. 변화의 특징

a. 줄기와 꼬리를 잇는 연결모음 ο / ϵ → ω / η 로 길어진다.
b. 가정법의 인칭어미는 제 1 시상 인칭어미를 갖는다.
c. 단순과거 가정법에서 제 2 시상에 붙는 접두모음 ἐ- 가 붙지 않는다.
d. 줄기: λυ- (pres.), λυσ- (aor.) , λϵλυκ- (perf.)
e. 단순과거 수동태일 경우 시상지시어(θϵ)가 붙는다.
① 줄기: λυθ-
② 어미의 장음에 모두 서컴플렉스가 붙는다.

4. ϵἰμί 동사의 현재 가정법

a. 장음화 된다.
b. 장음 위에 서컴플렉스가 붙는다.

수	인칭	변 화	수	인칭	변 화
sg.	1.	ὦ	pl.	1.	ὦμϵν
	2.	ᾖς		2.	ἦτϵ
	3.	ᾖ		3.	ὦσι(ν)

5. 가정법의 용법

a. 권고, 권유의 가정법(hortatory subjunctive): 1 인칭 복수 사용

예 1 **πιστεύωμεν** εἰς τὸν κύριον.

→ Let us believe on the Lord.

예 2 ἀγαπητοί, **ἀγαπῶμεν** ἀλλήλους.

→ Beloved, let us love one another. (요일 4:7)

b. 금지나 부정적 소원 : μή 와 함께 2 인칭 단수 · 복수 가정법의 부정으로 표현

예 1 **μή** με **βασανίσῃς.**

→ Do not torment men. (나를 괴롭게 마소서, 막 5:7)

예 2 **μηδενὶ** μεδὲν **εἴπῃς.**

→ Say nothing to anyone. (막 1:44)

※ 금지(prohibition)를 나타내는 다른 표현 : μὴ + 명령법

c. 강한 부정 : οὐ μὴ + 단순과거 가정법(또는 미래 직설)

예 **οὐ μὴ εἰσέλθητε** εἰς τὴν βασιλείαν τῶν οὐρανῶν.

→ You will by no means enter the kingdom of heaven. (마 5:20)

d. 목적의 가정법 : ἵνα (또는 ὅπως) + 가정법

예 1 ἐρχόμεθα **ἵνα ἴδωμεν** αὐτόν.

→ We come in order to see him.

예 2 πιστεύομεν ἵνα μὴ ἁμαρτάνωμεν.

→ We believe in order not to sin.

e. 협의적 질문(deliberative questions) : ' ~할까요?'(shall we?)

예 1 **ποιήσωμεν** τοῦτο ἢ μὴ **ποιήσωμεν;**

→ Shall we do this or shall we not do it?

예 2 τί **ποιήσωμεν;** (What shall we do?)

f. 두려움 을 나타내는 말 다음의 μὴ(접속사) + 가정법

예 φοβοῦμαι μὴ **ἔλθῃ.** (I fear lest he come.)

g. 부정의 목적절 에서 ἵνα μή 대신 μὴ + 가정법

예 τοῦτο ποιεῖτε (ἵνα) μὴ **εἰσέλθητε** εἰς κρίσιν.

(Do this lest you come into judgment.)

h. 미래적인 조건 을 나타내는 가정법: ἐάν + 가정법

비교. 현재나 과거 사실의 조건을 나타낼 경우: εἰ + 직설법

예 1 **ἐὰν εἰσέλθωμεν** εἰς τὴν οἰκίαν ὀψόμεθα τὸν κύριον.

→ if we go into the house, we shall see the Lord.

비교. **εἰ** μαθηταὶ **ἐσμεν** τοῦ κυρίου σωθησόμεθα.

→ if we are disciples of the Lord, we shall be saved.

(if it is now a fact that we are disciples of the Lord,⋯)

예 2 **ἐὰν διδάσκητε** τοὺς ἀδελφοὺς πιστοί ἐστε διδάσκαλοι.

→ if you teach the brethren, you are faithful teachers.

(if at any time you shall be engaged in teaching the brethren, ⋯)

비교. **εἰ διδάσκετε** τοὺς ἀδελφοὺς πιστοί ἐστε διδάσκαλοι.

→ if you are teaching the brethren, you are faithful teachers.

(if the work in which you are now engaged is that of teaching the brethren, ⋯)

※ 조건문과 귀결문

귀결문의 동사는 아무 시제나 아무 법이든지 취할 수 있다.

예 εἰ μαθηταί ἐσμεν τοῦ κυρίου διδάσκωμεν τοὺς ἀδελφούς.

→ if we are disciples of the Lord, let us teach the brethren.

(if that is now a fact)

i. 사실과 반대되는 조건문

① 전제문과 귀결문 모두 제 2 시상 직설법 동사를 취한다.

② 전제문에는 εἰ 가, 귀결문에는 ἄν 이 있다.

ⓐ 현재 사실과 반대되는 조건문
전제문과 귀결문 모두에서 다 미완료 동사를 취한다.

예 οὗτος **εἰ ἦν** προφήτης ἐγίνωσκεν ἂν τίς καὶ ποταπὴ ἡ γυνή.

→ If this man were a prophet He would know
who and what sort of person this woman is. (눅 7:39)

ⓑ 과거 사실과 반대되는 조건문
전제문과 귀결문에 단순과거나 과거완료 동사를 취하는 것이 일반적이다.

예 κύριε, **εἰ** ἦς **ὧδε**, οὐκ **ἂν ἀπέθανεν** ὁ ἀδελφός μου.

→ Lord, if thou hadst been here, my brother would not have died. (요 11:21)

73. ἵνα + 가정법의 여러 용법

ἵνα + 가정법 이 목적 외에 여러 가지 뜻으로 사용된다.

A. ὅτι(that)와 같은 역할을 하며 목적절을 인도한다.

예 εἰπὲ τῷ λίθῳ τούτῳ **ἵνα** γένηται ἄρτος.

→ Say to this stone that it become bread. (눅 4:3)

B. 결과를 나타내는 부사절

예 τίς ἥμαρτεν, οὗτος ἢ οἱ γονεῖς αὐτοῦ, **ἵνα** τυφλὸς γεννηθῇ;

→ Who sinned, this man or his parents, that he was born blind? (요 9:2)

C. 동격을 나타내는 절에 사용

예 Αὕτη ἐστὶν ἡ ἐντολὴ ἡ ἐμὴ **ἵνα** ἀγαπᾶτε ἀλλήλους.

→ This is my commandment, that you should love one another.(요 15:12)

D. 명령의 의미

예 ὥσπερ ἐν παντὶ περισσεύετε,
ἵνα καὶ ἐν ταύτῃ τῇ χάριτι περισσεύητε.

→ As ye abound in everything, abound in this grace also. (고후 8:7)

74. 조건적 관계절

영어에서 접미어 -ever(whoever, whichever, whatever, wherever, whenever)로 표시되는 정해지지 않은 관계절을 헬라어에서 보통 ἄν (ἐάν) + 가정법 으로 나타내는데, 관계절에서는 단순과거 가정법이 현재 가정법보다 자주 쓰이며, 주문장에서는 직설법 현재 · 미래 · 미완료가 쓰인다.

예 1 ὃς γὰρ **ἐὰν θέλῃ** τὴν ψυχὴν αὐτοῦ σῶσαι οὐ σώσει αὐτήν.

→ For whoever wishes to save his life shall not save it.

예 2 ὃς **ἂν πιστεύσῃ** σωθήσεται.

→ Whoever believes shall be saved.

예 3 εἰς ἣν δ' **ἂν** πόλιν **εἰσέλθητε** ὄψεσθε ἐν αὐτῇ μαθητάς.

→ And into whatever city ye enter ye shall see disciples in it.

예 4 ὅπου **ἐὰν ᾖ** ὁ διδάσκαλος ἐκεῖ ἔσονται καὶ οἱ διδασκόμενοι ὑπ' αὐτοῦ.

→ Wherever the teacher is there will be also those who are being taught by him.

* ὅπου : where

75. ἕως / ἕως ἄν + 가정법

아직 일어나지 아니한 동작을 가상하여 그것이 일어날 때까지라는 미래의 가상적인 동작을 나타낸다.

예 μείνατε ἕως ἂν ἔλθω.

→ Remain until I come.

연습문제 35

A. 문법

1. ἁμαρτάνω의 현재 능동태 가정법 변화를 해보시오.
2. διδάσκω의 현재 중간태/수동태 가정법 변화를 해보시오.
3. σῴζω의 제1단순과거 능동태와 중간태 가정법 변화를 해보시오.
4. λείπω의 제2단순과거 능동태와 중간태 가정법 변화를 해보시오.
5. λύω의 단순과거 수동태 가정법 변화를 해보시오.
6. εἰμί의 현재 가정법 변화를 해보시오.
7. 아래 도표의 동사를 분해(parsing)하시오.

변화형 동사	인칭	수	시제	태	법	현재능동태 1인칭단수	의미(뜻)
δέξησθε							
σωθῶσιν							
ὦμεν							
γράψῃ							
γενώμεθα							

B. 아래 문장을 우리말로 옮기시오.

1. ἕως ἂν **παρέλθῃ** ὁ οὐρανὸς καὶ ἡ γῆ, ἰῶτα ἓν ἢ μία κεραία οὐ μὴ **παρέλθῃ** ἀπὸ τοῦ νόμου, **ἕως** ἂν πάντα **γένηται**. (마 5:18)
2. διδάσκαλε, ἀκολουθήσω σοι **ὅπου ἐὰν** ἀπέρχῃ. (마 8:19)
3. πάντες γὰρ οἱ προφῆται καὶ ὁ νόμος **ἕως** Ἰωάννου ἐπροφήτευσαν· (마 11:13)
4. ἠρώτα αὐτὸν ἵνα τὸ δαιμόνιον **ἐκβάλῃ** ἐκ τῆς θυγατρὸς αὐτῆς. (막 7:26)
5. **ὃς ἂν** μὴ **δέξηται** τὴν βασιλείαν τοῦ θεοῦ ὡς παιδίον, οὐ μὴ **εἰσέλθῃ** εἰς αὐτήν. (막 10:15)
6. ἐγώ εἰμι ὁ ἄρτος ὁ ζῶν ὁ ἐκ τοῦ οὐρανοῦ καταβάς· ἐάν τις **φάγῃ** ἐκ τούτου τοῦ ἄρτου ζήσει εἰς τὸν αἰῶνα, (요 6:51)
7. εἰς κρίμα ἐγὼ εἰς τὸν κόσμον τοῦτον ἦλθον, ἵνα οἱ μὴ βλέποντες **βλέπωσιν** καὶ οἱ βλέποντες τυφλοὶ **γένωνται**. (요 9:39)
8. ἐὰν **πορευθῶ** καὶ ἑτοιμάσω τόπον ὑμῖν, πάλιν ἔρχομαι καὶ παραλήμψομαι ὑμᾶς πρὸς ἐμαυτόν, ἵνα ὅπου εἰμὶ ἐγὼ καὶ ὑμεῖς **ἦτε**. (요 14:3)
9. **εἰ** νεκροὶ οὐκ ἐγείρονται, **φάγωμεν** καὶ **πίωμεν**, αὔριον γὰρ ἀποθνῄσκομεν. (고전 15:32)
10. Ὅτι αὕτη ἐστὶν ἡ ἀγγελία ἣν ἠκούσατε ἀπ᾽ ἀρχῆς, ἵνα **ἀγαπῶμεν** ἀλλήλους, (요일 3:11)

76. ἕως + 직설법

실제 동작이 일어날 때까지라는 뜻을 나타낸다.

예 ἔμεινεν ἕως οὗ ἦλθον.

→ He remained until I came.

※ ἕως, ἕως ἄν 대신 ἕως οὗ, ἕως ὅταν 이 쓰이기도 한다.

77. 긍정/부정의 대답을 기대하는 질문

A. 부정의 대답을 기대하는 질문: μή + 직설법

예 μὴ ἰσχυρότεροι αὐτοῦ ἐσμεν;

→ Are we stronger than he? (대답: No, of course not.)

B. 긍정의 대답을 기대하는 질문 : οὐ + 직설법

예 οὐκ ἰσχυρότεροί ἐσμεν αὐτοῦ;

→ Are we not stronger than he? (대답: Yes, certainly we are.)

78. 부정사

A. 형 태

시 상	능동태	중간태	수동태
현 재	λύειν	λύεσθαι	λύεσθαι
미 래	λύσειν	λύσεσθαι	λυθήσεσθαι
단순과거	λῦσαι	λύσασθαι	λυθῆναι
현재완료	λελυκέναι	λελύσθαι	λελύσθαι

(-ειν ; -σθαι ; -αι ; -ναι)

B. εἰμί 동사의 경우

1. 현재 능동태 부정사 : εἶναι
2. 미래 능동태 부정사 : ἔσεσθαι

C. 부정사의 시상과 의미

현 재*	계속적 동작이나 반복적인 동작
미 래	장래의 동작 또는 기도(企圖)
단순과거*	일회(단회)적 동작
현재완료	완료된 행동의 결과

(*는 주로 사용되는 부정사)

D. 단순과거 부정사의 강세

1. 제 1 단순과거 능동태/수동태 부정사는 전종음절에 서컴플렉스가 붙는다.

πιστεύω → πίστευσαι가 아니라 πιστεῦσαι이다.
(동사의 강세 일반법칙을 어긴다.)

2. 제 2 단순과거 능동태 부정사는 종음절에 서컴플렉스가 붙는다.

λείπω → λίπειν이 아니라 λιπεῖν이다.

3. 제 2 단순과거 중간태/수동태 부정사도 강세의 일반법칙을 어긴다.

λείπω → λίπεσθαι가 아니라 λιπέσθαι이다.

E. 부정사의 부정 : μή

F. 용법

1. 부정사는 동사적인 명사(a verbal noun)이다.

예 θέλω **ἀκούειν** τὸν λόγον.

→ I wish to hear the word.

2. 중성관사를 가진 부정사(the articular infinitive)

a. 부정사는 중성명사로 취급되며 따라서 중성관사를 갖는다.
b. 관사를 가진 부정사는 일반명사의 위치에 설 수 있다.

예 καλόν ἐστι τὸ ἀποθανεῖν ὑπὲρ τῶν ἀδελφῶν.

→ The act of dying in behalf of the brethren is good.

It is good to die in behalf of the brethren.

c. 전치사 + 중성관사 + 부정사

부정사의 주어는 4 격(대격)

πρὸ τοῦ λῦσαι	=	before the act of loosing
πρὸ τοῦ ὑμᾶς αἰτῆσαι	=	before your seeking
ἀντὶ τοῦ λέγειν ὑμᾶς	=	instead of your saying
ἐν τῷ λέγειν	=	in or during the process of saying
ἐν τῷ σπείρειν αὐτόν	=	during his sowing
διὰ τὸ λυθῆναι	=	on account of the fact of being loosed
διὰ τὸ μένειν αὐτόν	=	on account of his abiding
εἰς τὸ λῦσαι	=	in order to loose
μετὰ τὸ λῦσαι	=	after the act of loosing
μετὰ τὸ λυθῆναι	=	after the fact of being loosed
μετὰ τὸ ἐγερθῆναι με	=	after the fact of my being raised (마 26:32)
πρὸς τὸ θεαθῆναι τοῖς ἀνθρώποις	=	in order to be seen by men (마 23:5)

d. τοῦ + 부정사 : ~하기 위하여(마 2:13), ~할(눅 1:57)

예 1 μέλλει γὰρ Ἡρῴδης ζητεῖν τὸ παιδίον **τοῦ ἀπολέσαι** αὐτό. (마 2:13)

예 2 τῇ Ἐλισάβετ ἐπλήσθη ὁ χρόνος **τοῦ τεκεῖν** αὐτήν. (눅 1:57)

3. 동사 및 분사와 부정사의 차이

부정사는 동사처럼 부사와 직접목적어를 가질 수 있으며, 주어도 가질 수 있다. 이 때 부정사의 주어는 주격이 아닌 대격을 사용한다.

예 1 ἐν τῷ λέγειν **αὐτοὺς** ταῦτα,

→ in (or during) the circumstance that they are saying these things 또는

while they are saying these things

예 2 μετὰ τὸ ἀπολυθῆναι **τὸν ὄχλον** ἀπῆλθεν ὁ κύριος.

→ after the crowd had been dismissed, the Lord went away. 또는

after the circumstance that the crowd was dismissed, ...

예 3 διὰ δὲ τὸ λέγεσθαι **τοῦτο** ὑπὸ τῶν ὄχλων ἀπῆλθεν ὁ ἀπόστολος.

→ and on account of the circumstance that this was being said by the crowds, the apostle went away. 또는

because this was being said by the crowds, the apostle went away.

예 4 ταῦτα δὲ εἶπον ὑμῖν εἰς τὸ μὴ γενέσθαι **ὑμᾶς** δούλους τῆς ἁμαρτίας.

→ And these things I said to you in order that you might not become servants of sin.

4. ὥστε + 대격 + 부정사 : '결과(so that)'를 나타낸다.

예 ἐθεράπευσεν αὐτοὺς· **ὥστε τὸν ὄχλον θαυμάσαι** ···

→ He healed them ; so that the crowd marveled

(그가 그들을 고쳐 주어서 그 무리들이 놀랐다.)

연습문제 36

A. 문법

1. εἰμί의 현재 능동태 부정사를 쓰시오.
2. εἰμί의 미래 부정사를 쓰시오.
3. 아래 도표의 단어를 분해(parsing)하시오.

변화형 단어	시제	태	법	현재능동태 1인칭단수	의미(뜻)
ἀπολυθῆναι					
λαβεῖν					
δοξάζειν					
πιστεῦσαι					

B. 아래 문장을 우리말로 옮기시오.

1. Ἀπὸ τότε ἤρξατο ὁ Ἰησοῦς **κηρύσσειν** ··· (마 4:17)
2. Ἐγένετο δὲ ἐν ταῖς ἡμέραις ταύταὶ **ἐξελθεῖν** αὐτὸν εἰς τὸ ὄρος **προσεύξασθαι,** καὶ ἦν διανυκτερεύων ἐν τῇ προσευχῇ τοῦ θεοῦ. (눅 6:12)
3. οὐ δύναται **εἰσελθεῖν** εἰς τὴν βασιλείαν τοῦ θεοῦ. (요 3:5)
4. μετὰ τὸ **γενέσθαι** με ἐκεῖ δεῖ με καὶ Ῥώμην **ἰδεῖν.** (행 19:21)
5. εἰς τὸ **εἶναι** αὐτὸν πρωτότοκον ἐν πολλοῖς ἀδελφοῖς· (롬 8:29)
6. Ἐμοὶ γὰρ τὸ ζῆν Χριστὸς καὶ τὸ **ἀποθανεῖν** κέρδος. (빌 1:21)
7. οὐκ ἔχετε διὰ τὸ μὴ **αἰτεῖσθαι** ὑμᾶς, (약 4:2)

79. 간접화법

A. 대격과 부정사 로써 표현 가능

예 ἔλεγον οἱ ἄνθρωποι **αὐτὸν εἶναι** τὸν προφήτην.

→ The men were saying that he was the prophet.

B. 일반적으로 ὅτι + 직설법 형을 사용

예 1 λέγει **ὅτι βλέπει** τὸν ἀπόστολον.

→ He says that he sees the apostle.

예 2 εἶπεν **ὅτι βλέπει*** τὸν ἀπόστολον.

→ He said that he saw the apostle.

예 3 εἶπεν ὁ μαθητὴς **ὅτι εἶδεν*** τὸν ἀπόστολον.

→ The disciple said that he had seen the apostle.

예 4 εἶπεν **ὅτι ὄψεται** τὸν ἀπόστολον.

→ He said that he would see the apostle.

80. 고유명사

A. 특징

1. 대문자로 시작되며 가끔 관사를 갖는다.
2. 보통명사 중 유일하거나 단일한 것일 때 고유명사 취급을 받으나 보통명사처럼 소문자로 쓰며 관사를 가질 수 있다.

(ὁ) θεός God ; (τὸ) πνεῦμα the Spirit

(ὁ) κόσμος the world ; (ὁ) νόμος the Law

B. Ἰησοῦς 명사 변화

1 격	Ἰησοῦς	Χριστός
4 격	Ἰησοῦν	Χριστόν
2 격	Ἰησοῦ	Χριστοῦ
3 격	Ἰησοῦ	Χριστῷ

연습문제 37

※ 아래 문장을 우리말로 옮기시오.

1. Βίβλος γενέσεως **Ἰησοῦ** Χριστοῦ υἱοῦ Δαυὶδ υἱοῦ Ἀβραάμ. (마 1:1)
2. λέγω γὰρ ὑμῖν **ὅτι** δύναται ὁ θεὸς ἐκ τῶν λίθων τούτων ἐγεῖραι τέκνα τῷ Ἀβραάμ. (마 3:9)
3. Ἐγένετο δὲ ἐν ἑτέρῳ σαββάτῳ **εἰσελθεῖν αὐτὸν** εἰς τὴν συναγωγὴν καὶ διδάσκειν. (눅 6:6)
4. Ἐγένετο δὲ ἐν ταῖς ἡμέραις ταύταις **ἐξελθεῖν αὐτὸν** εἰς τὸ ὄρος **προσεύξασθαι**, καὶ ἦν διανυκτερεύων ἐν τῇ προσευχῇ τοῦ θεοῦ. (눅 6:12)
5. Ἐν ἀρχῇ ἦν ὁ λόγος, καὶ ὁ λόγος ἦν πρὸς **τὸν θεόν**, καὶ **θεὸς** ἦν ὁ λόγος. (요 1:1)
6. οὕτως δεῖ **αὐτὸν ἀποκτανθῆναι**. (계 11:5)

81. 헬라어 신약성경 권별 제목

Κατὰ Μαθθαῖον	Μαθθαῖος, ου
Κατὰ Μᾶρκον	Μᾶρκος, ου
Κατὰ Λουκᾶν	Λουκᾶς, ᾶ
Κατὰ Ἰωάννην	Ἰωάννης, ου
Πράξεις Ἀποστόλων	
Πρὸς Ῥωμαίους	Ῥωμαῖος, ου
Πρὸς Κορινθίους α´	Κορίνθιος, ου
Πρὸς Κορινθίους β´	
Πρὸς Γαλάτας	Γαλάτης, ου
Πρὸς Ἐφεσίους	Ἐφέσιος, ία, ιον
Πρὸς Φιλιππησίους	Φιλιππήσιος, ου
Πρὸς Κολοσσαεῖς	Κολοσσαεύς, έως
Πρὸς Θεσσαλονικεῖς α´	Θεσσαλονικεύς, έως
Πρὸς Θεσσαλονικεῖς β´	
Πρὸς Τιμόθεον α´	Τιμόθεος, ου
Πρὸς Τιμόθεον β´	
Πρὸς Τίτον	Τίτος, ου
Πρὸς Φιλήμονα	Φιλήμων, ονος
Πρὸς Ἑβραίους	Ἑβραῖος, ου
Ἰακώβου	Ἰάκωβος, ου
Πέτρου α´	Πέτρος, ου
Πέτρου β´	
Ἰωάννου α´	
Ἰωάννου β´	
Ἰωάννου γ´	
Ἰούδα	Ἰούδας, α
Ἀποκάλυψις Ἰωάννου	

Παῦλος, ου
Μαρία, ας (Μαριάμ)

82. 유음동사의 미래 능동태 직설법

유음동사(流音動詞, liquid verbs)는 줄기가 유음(λ, μ, ν, ρ)으로 끝나는 동사이다.

A. 인칭어미 변화

줄기에 -σ + ο / ϵ 대신 -ϵ + ο / ϵ 를 사용한다.

sg.	1.	κριν ϵ ω	→ κρινῶ *	(ϵ + ω	→ ῶ)
	2.	κριν ϵ εις	→ κρινεῖς *	(ϵ + εις	→ εῖς)
	3.	κριν ϵ ει	→ κρινεῖ *	(ϵ + ει	→ εῖ)
pl.	1.	κριν ϵ ομεν	→ κρινοῦμεν	(ϵ + ο	→ οῦ)
	2.	κριν ϵ ετε	→ κρινεῖτε	(ϵ + ϵ	→ εῖ)
	3.	κριν ϵ ουσι(ν)	→ κρινοῦσιν *	(ϵ + ου	→ οῦ)

* pres.act.ind. 와 같으며 강세만 다르다.

B. 특이 사항

1. 현재줄기가 중복자음이면, 단자음이 된다. 이때 두 번째 자음은 생략된다.

ψάλλω → ψαλῶ (I will play an instrument)
κάμνω → καμῶ (I will be weary, ill)
ἀποστέλλω → ἀποστελῶ (I will send [with a comission])
ἀγγέλλω → ἀγγελῶ (I will announce)
βάλλω → βαλῶ (I will throw)

2. 현재줄기에 중복모음(-αι / -ει)가 올 때, 미래에서 ι가 사라진다.

φαίνω → φανῶ (show, shine)
σημαίνω → σημανῶ (signify)
σπείρω → σπερῶ (sow)

3. 현재에서는 유음동사가 아니지만 미래에서 유음동사가 되는 경우가 있다.

λέγω → ἐρῶ (say)

83. 유음동사

A. 미래 변화

유음동사의 미래는 σ (ο / ϵ)가 아니라 ϵ (ο / ϵ)를 더하여 형성한다.

수	인칭	능동태 직설법	중간태 직설법
sg.	1.	κριν ϵ ω → κριν ῶ *	κριν ϵ ομαι → κριν οῦμαι
	2.	κριν ϵ εις → κριν εῖς	κριν ϵ ει → κριν ῇ *
	3.	κριν ϵ ει → κριν εῖ	κριν ϵ εται → κριν εῖται
pl.	1.	κριν ϵ ομεν → κριν οῦμεν	κριν ϵ ομεθα → κριν ούμεθα
	2.	κριν ϵ ετε → κριν εῖτε	κριν ϵ εσθε → κριν εῖσθε
	3.	κριν ϵ ουσιν → κριν οῦσι(ν)	κριν ϵ ονται → κριν οῦνται

fut.act.ind.sg.1.과 fut.mid.ind.sg.2.을 제외하고 ο → οῦ ; ϵ → εῖ 로 변한다.

βάλλω → βαλῶ (강세가 이동하고 λ 자음이 하나 준다.)

λέγω → ἐρῶ (미래에서만 유음동사)

B. 단순과거

1. 특 징

a. 단순과거의 능동태와 중간태는 시상어 σα 대신 α만 붙인다.

b. 때로는 줄기 자체가 변하며, 이때 대개 모음이 길어진다.
(단, ϵ는 η가 되지 않고 ει가 된다.)

현 재	줄 기	줄기모음의 장음화	단순과거
μιαίνω (더럽히다)	μιαν-	μιᾱν- (α → ᾱ)	ἐμίᾱνα
φαίνω (~ 처럼 보이다)	φαν-	φην- (α → η)	ἔφηνα
ἀγγέλλω (알리다)	ἀγγελ-	ἀγγειλ- (ϵ → ει*)	ἤγγειλα
κρίνω (심판하다)	κριν-	κρῑν- (ι → ῑ)	ἔκρῑνα

(* : η가 아님을 유의하라.)

* αἴρω(lift up)의 단순과거는 ἦρα이다.

2. 변화

수	인칭	κρίνω의 단순과거		στέλλω의 단순과거	
		능 동	중 간	능 동	중 간
sg.	1.	ἔ κριν α	ἐ κριν ά μην	ἔ στειλ α	ἐ στειλ ά μην
	2.	ἔ κριν ας	ἐ κρίν ω	ἔ στειλ ας	ἐ στείλ ω
	3.	ἔ κριν ε(ν)	ἐ κρίν α το	ἔ στειλ ε(ν)	ἐ στείλ α το
pl.	1.	ἐ κρίν αμεν	ἐ κριν ά μεθα	ἐ στείλ αμεν	ἐ στειλ ά μεθα
	2.	ἐ κρίν ατε	ἐ κρίν α σθε	ἐ στείλ ατε	ἐ στείλ α σθε
	3.	ἔ κριν αν	ἐ κρίν α ντο	ἔ στειλ αν	ἐ στείλ α ντο

3. 유의할 점

a. 어떤 동사의 경우 현재의 줄기가 유음으로 끝나지만, 유음동사가 아닌 경우도 있다.

λαμβάνω, λήμψομαι(미래 유음동사), ἔλαβον
(원줄기: λαβ -)

b. 어떤 유음동사는 제 2 단순과거처럼 (단순과거 변화에서) 변한다.

βάλλω → ἔβαλον (2.aor.act.ind.)

c. ε를 가진 단음절 어간의 유음동사일 경우 현재완료(능동태, 수동태), 단순과거 수동태, 미래 수동태에서 ε가 α가 된다.

σπείρω	→	ἔσπαρκα	(perf.act.)
(I sow)		ἔσπαρμαι	(perf.pass.)
(줄기: σπερ-)		ἐσπάρην	(aor.pass.)
		σπαρήσομαι	(fut.pass.)

연습문제 38

A. 문법

1. μένω의 미래 능동태와 중간태 직설법 변화를 해보시오.
2. ἀποστέλλω의 단순과거 능동태와 중간태 가정법 변화를 해보시오.
3. 아래 도표의 동사를 분해(parsing)하시오.

변화형 동사	인칭	수	시제	태	법	현재능동태 1인칭단수	의미(뜻)
ἐγερεῖ							
ἀποθανεῖται							
ἔμειναν							
ἐφοβοῦντο							
ἐροῦμεν							

B. 아래 문장을 우리말로 옮기시오.

1. **ἀπεκρίνατο** λέγων πᾶσιν ὁ Ἰωάννης· ἐγὼ μὲν ὕδατι βαπτίζω ὑμᾶς· (눅 3:16)
2. ἐκ τοῦ στόματός σου **κρινῶ** σε, πονηρὲ δοῦλε. (눅 19:22)
3. **ἦραν** οὖν λίθους ἵνα βάλωσιν ἐπ' αὐτόν. (요 8:59)
4. ἐὰν τὰς ἐντολάς μου τηρήσητε, **μενεῖτε** ἐν τῇ ἀγάπῃ μου, καθὼς ἐγὼ τὰς ἐντολὰς τοῦ πατρός μου τετήρηκα καὶ μένω αὐτοῦ ἐν τῇ ἀγάπῃ. (요 15:10)

84. 재귀대명사

A. 변화

수	격	1 인칭(myself)		2 인칭(thyself)		3 인칭(himself)		
		m.	f.	m.	f.	m.	f.	n.
sg.	4.	ἐμαυτόν	ἐμαυτήν	σεαυτόν	σεαυτήν	ἑαυτόν	ἑαυτήν	ἑαυτό
	2.	ἐμαυτοῦ	ἐμαυτῆς	σεαυτοῦ	σεαυτῆς	ἑαυτοῦ	ἑαυτῆς	ἑαυτοῦ
	3.	ἐμαυτῷ	ἐμαυτῇ	σεαυτῷ	σεαυτῇ	ἑαυτῷ	ἑαυτῇ	ἑαυτῷ
pl.	4.	3 인칭과 동일				ἑαυτούς	ἑαυτάς	ἑαυτά
	2.					ἑαυτῶν		
	3.					ἑαυτοῖς	ἑαυταῖς	ἑαυτοῖς

B. 특징

1. 1, 2 인칭에서 중성변화가 없다.
2. 주격이 없다.
3. 4 격에서는 종음절에 애큐트가 붙는다.
4. 2, 3 격에서는 종음절에 서컴플렉스가 붙는다.
5. 1, 2 인칭 복수 재귀대명사와 3 인칭 복수 재귀대명사의 형태가 동일하다.
6. 재귀대명사는 원래 [인칭대명사 + αὐτός] 의 복합어이다.

1 인칭 :	ἐμαυτοῦ	=	ἐμὲ	+	αὐτοῦ
2 인칭 :	σεαυτοῦ	=	σὲ	+	αὐτοῦ
3 인칭 :	ἑαυτοῦ	=	ἓ	+	αὐτοῦ

C. 용법

[예 1] οὐ λαλῶ περὶ **ἐμαυτοῦ.**

→ I do not speak concerning myself.

예 2 οὐ δοξάζεις **σεαυτόν.**

→ Thou dost not glorify thyself.

예 3 οὐκ ἔχει ζωὴν ἐν **ἑαυτῷ.**

→ He has not life in himself.

예 4 δοξάζετε **ἑαυτούς.**

→ Ye glorify yourselves.

예 5 Ἐὰν ἐγώ μαρτυρῶ περὶ **ἐμαυτοῦ,** ἡ μαρτυρία μοῦ οὐκ ἔστιν ἀληθής·

→ If I bear witness of Myself, My witness is not true. (요 5:31)

예 6 τί λέγεις περὶ **σεαυτοῦ;**

→ What do you say about yourself ? (요 1:22)

예 7 πᾶς ὁ ὑψῶν **ἑαυτὸν** ταπεινωθήσεται,

→ Whoever exalts himself will be abased. (눅 14:11 상)

예 8 πλὴν ἐφ' **ἑαυτὰς** κλαίετε καὶ ἐπὶ τὰ τέκνα ὑμῶν,

→ But weep for yourselves and for your children. (눅 23:28 하)

예 9 Οὐ γὰρ **ἑαυτοὺς** κηρύσσομεν ἀλλὰ Ἰησοῦν Χριστὸν κύριον, ἑαυτοὺς δὲ δούλους ὑμῶν διὰ Ἰησοῦν.

→ For we do not preach ourselves, but Jesus Christ the Lord, and ourselves your servants for Jesus' sake. (고후 4:5)

πιστεύω 동사의 용법

1. 3 격(여격) 지배동사로서 πιστεύω
   πιστεύω **τῷ ἀνθρώπῳ.** (I believe the man.)
2. πιστεύω + εἰς + A.(대격)
   πιστεύω εἰς τὸν κύριον. (I believe in the Lord.)

연습문제 39

※ 아래 문장을 우리말로 옮기시오.

1. καὶ λέγει αὐτῷ· εἰ υἱὸς εἶ τοῦ θεοῦ, βάλε **σεαυτὸν** κάτω· (마 4:6)
2. ἔλεγεν γὰρ ἐν **ἑαυτῇ**· ἐὰν μόνον ἅψωμαι τοῦ ἱματίου αὐτοῦ σωθήσομαι. (마 9:21)
3. Ἐὰν ἐγὼ μαρτυρῶ περὶ **ἐμαυτοῦ**, ἡ μαρτυρία μου οὐκ ἔστιν ἀληθής· (요 5:31)
4. ἀλλὰ ἔγνωκα ὑμᾶς ὅτι τὴν ἀγάπην τοῦ θεοῦ οὐκ ἔχετε ἐν **ἑαυτοῖς**. (요 5:42)
5. Τεκνία, φυλάξατε **ἑαυτὰ** ἀπὸ τῶν εἰδώλων. (요일 5:21)

85. πολύς와 μέγας 변화

수	격	many, much			large, great		
		m.	f.	n.	m.	f.	n.
sg.	1.	πολύς	πολλή	πολύ	μέγας	μεγάλη	μέγα
	4.	πολύν *	πολλήν	πολύ	μέγαν *	μεγάλην	μέγα
	2.	πολλοῦ	πολλῆς	πολλοῦ	μεγάλου	μεγάλης	μεγάλου
	3.	πολλῷ	πολλῇ	πολλῷ	μεγάλῳ	μεγάλῃ	μεγάλῳ
pl.	1.	πολλοί	πολλαί	πολλά	μεγάλοι	μεγάλαι	μεγάλα
	4.	πολλούς	πολλάς	πολλά	μεγάλους	μεγάλας	μεγάλα
	2.	πολλῶν	πολλῶν	πολλῶν	μεγάλων	μεγάλων	μεγάλων
	3.	πολλοῖς	πολλαῖς	πολλοῖς	μεγάλοις	μεγάλαις	μεγάλοις

강세	1, 4 격: ´ ; 2, 3 격: ˆ (종음절)	전종음절에 애큐트(´)
굵은선	- λ - → - λλ -	- → - λ -

연습문제 40

※ 아래 문장을 우리말로 옮기시오.

1. γύναι, **μεγάλη** σου ἡ πίστις· (마 15:28)
2. καὶ διὰ τὸ πληθυνθῆναι τὴν ἀνομίαν ψυγήσεται ἡ ἀγάπη τῶν **πολλῶν**. (마 24:12)
3. ὅτι ἐποίησέν μοι **μεγάλα** ὁ δυνατός. καὶ ἅγιον τὸ ὄνομα αὐτοῦ, (눅 1:49)
4. καρπὸν **πολὺν** φέρητε καὶ γένησθε ἐμοὶ μαθηταί. (요 15:8)
5. αἰνεῖτε τῷ θεῷ ἡμῶν πάντες οἱ δοῦλοι αὐτοῦ¨αἰοἱ φοβούμενοι αὐτόν, οἱ μικροὶ καὶ οἱ **μεγάλοι**. (계 19:5)

86. 상호대명사

A. 변화

수	격	m.	f.	n.
pl.	1.	없 음		
	4.	ἀλλήλους	ἀλλήλας	ἄλληλα
	2.	ἀλλήλων	ἀλλήλων	ἀλλήλων
	3.	ἀλλήλοις	ἀλλήλαις	ἀλλήλοις

1. 의미: 서로 서로(one another, each other)
2. 신약성경에는 여성이나 중성은 나타나지 않는다.

B. 용례

βλέπουσιν **ἀλλήλους**. (They see one another.)

ἀγαπᾶτε **ἀλλήλους**. (Love one another.)

εἰρηνεύετε ἐν **ἀλλήλοις**.

εὔχεσθε ὑπὲρ **ἀλλήλων**.

연습문제 41

※ 아래 문장을 우리말로 옮기시오.

1. καὶ τότε σκανδαλισθήσονται πολλοὶ καὶ **ἀλλήλους** παραδώσουσιν καὶ μισήσουσιν **ἀλλήλους**· (마 24:10)
2. ἔλεγον πρὸς ἀλλήλους· (막 4:41)
3. ἐγένοντο δὲ φίλοι ὅ τε Ἡρῴδης καὶ ὁ Πιλᾶτος ἐν αὐτῇ τῇ ἡμέρᾳ μετ' **ἀλλήλων**·(눅 23:12)
4. ἔβλεπον εἰς ἀλλήλους οἱ μαθηταί … (요 13:22)
5. ἐν τούτῳ γνώσονται πάντες ὅτι ἐμοὶ μαθηταί ἐστε, ἐὰν ἀγάπην ἔχητε ἐν **ἀλλήλοις**. (요 13:35)

87. 수 사

A. 1~4 까지의 기수

1. 변화

격	εἷς			δύο	τρεῖς		τέσσαρες	
	m.	f.	n.	m.f.n.	m.f.	n.	m.f.	n.
1.	εἷς	μία	ἕν	δύο	τρεῖς	τρία	τέσσαρες	τέσσαρα
4.	ἕνα	μίαν	ἕν	δύο	τρεῖς	τρία	τέσσαρας	τέσσαρα
2.	ἑνός	μιᾶς	ἑνός	δύο	τριῶν	τριῶν	τεσσάρων	
3.	ἑνί	μιᾷ	ἑνί	δυσί(ν)	τρισί(ν)	τρισί(ν)	τέσσαρσι(ν)	

※ δύο는 변하지 않는다. 단, 여격은 δυσί(ν)이다.

2. εἷς, μία, ἕν 과 같은 변화를 하는 것

οὐδείς, οὐδεμία, οὐδέν (no one / nothing)

μηδείς, μηδεμία, μηδέν (no one / nothing)

격	m.	f.	n.
1.	οὐδείς	οὐδεμία	οὐδέν
4.	οὐδένα	οὐδεμίαν	οὐδέν
2.	οὐδενός	οὐδεμιᾶς	οὐδενός
3.	οὐδενί	οὐδεμιᾷ	οὐδενί

B. 서수

πρῶτος, η, ον (first)

δεύτερος, α, ον (second)

τρίτος, η, ον (third)

τέταρτος, η, ον (fourth)

δέκατο, η, ον (10th) * δεκάτη (십일조)

πεντεκαιδέκατος, η, ον (15th)

C. 4~1000 까지의 기수

1*	εἷς	10*	δέκα	100	ἑκατόν
2*	δύο	20	εἴκοσι(ν)	200	διακόσιοι
3*	τρεῖς	30	τριάκοντα	300	τριακόσιοι
4*	τέσσαρες	40	τεσσαράκοντα	400	τετρακόσιοι
5	πέντε	50	πεντήκοντα	500	πεντακόσιοι
6*	ἕξ	60*	ἑξήκοντα	600*	ἑξακόσιοι
7	ἑπτά	70	ἑβδομήκοντα	700	ἑπτακόσιοι
8	ὀκτώ	80	ὀγδοήκοντα	800	ὀκτακόσιοι
9	ἐννέα	90	ἐνενήκοντα	900	ἐνακόσιοι
				1000	χίλιοι

1. 11~19 까지의 기수

11	ἕνδεκα
12*	δώδεκα, δεκαδύο
13	τρισκαίδεκα
14	τεσσαρεσκαίδεκα, δεκατέσσαρες
15	πεντεκαίδεκα, δεκαπέντε
16	ἑκκαίδεκα, δεκαέξ
17	ἑπτακαίδεκα
18	ὀκτωκαίδεκα, δέκα καὶ ὀκτώ, δεκαοκτώ (눅 13:4)
19	ἐννεακαίδεκα

2. 특징

a. 5~200 까지는 변화하지 않는다.

b. 200 부터 형용사 제 1, 2 변화(ο / α)와 같이 변화한다.

c. 30~90 까지는 -κοντα가 붙는다.

d. 200~900 까지는 -κόσιοι, -κόσιαι, -κόσια가 붙는다.

e. 주전 2 세기부터 알파벳의 글자로 수를 표시했다.

ἑξακόσιοι ἑξήκοντα ἕξ = χξς´ (계 13:18)

연습문제 42

A. 문법

1. εἶς, μία, ἕν의 변화를 해보시오.
2. δύο의 여격을 쓰시오.
3. τρεῖς의 중성 여격을 쓰시오.
4. τέσσαρες의 속격을 쓰시오.
5. 다음 단어의 뜻을 쓰시오.

Δεκάπολις		κεντυρίων	
χιλίαρχος		πεντηκοστή	

B. 아래 문장을 우리말로 옮기시오.

1. Οὐδεὶς δύναται **δυσὶ** κυρίοις δουλεύειν· (마 6:24)
2. εἰ θέλεις, ποιήσω ὧδε **τρεῖς** σκηνάς, σοὶ **μίαν** καὶ Μωϋσεῖ **μίαν** καὶ Ἠλίᾳ **μίαν.** (마 17:4)
3. **ἑνὸς** δέ ἐστιν χρεία· (눅 10:42)
4. Ἐλθὼν οὖν ὁ Ἰησοῦς εὗρεν αὐτὸν **τέσσαρας** ἤδη ἡμέρας ἔχοντα ἐν τῷ μνημείῳ. (요 11:17)
5. Νυνὶ δὲ μένει πίστις, ἐλπις, ἀγάπη, τὰ **τρία** ταῦτα· μείζων δὲ τούτων ἡ ἀγάπη. (고전 13:13)
6. **εἷς** κύριος, **μία** πίστις, **ἕν** βάπτισμα, **εἷς** θεὸς καὶ πατὴρ πάντων, (엡 4:5-6)

88. 전치사구의 한정적/독립적 용법

A. 한정적 용법

관사 + 전치사구 + 명사
관사 + 명사 + 관사 + 전치사구

οἱ ἐν ἐκείνῃ τῇ πόλει μαθηταί (the in-that-city disciples)

οἱ μαθηταὶ οἱ **ἐν ἐκείνῃ τῇ πόλει** (the disciples who are in that city)

οἱ μαθηταὶ οἱ ὄντες ἐν τῇ πόλει (the being-in-the-city disciples)

οἱ μαθηταὶ οἱ **ἐν τῇ πόλει**

B. 독립적 용법

οἱ **ἐν τῇ πόλει** the men who are in the city (the in-the-city men)

οἱ ὄντες ἐν τῇ πόλει (the being-in-the-city people)

연습문제 43

※ 아래 문장을 우리말로 옮기시오.

1. λάμπει πᾶσιν τοῖς **ἐν** τῇ οἰκίᾳ. (마 5:15)
2. ἤκουσεν αὐτοῦ περὶ **τῆς εἰς** Χριστὸν Ἰησοῦν **πίστεως**. (행 24:24)
3. ἀνακεφαλαιώσασθαι **τὰ πάντα** ἐν τῷ Χριστῷ, **τὰ ἐπὶ τοῖς** οὐρανοῖς καὶ **τὰ ἐπὶ τῆς γῆς** ἐν αὐτῷ. (엡 1:10)

89. 명사 속격의 경우

1. οἱ τοῦ Ἰησοῦ 예수께 속한 사람들

→ The of-Jesus men ; the belonging-to-Jesus men;
The ones (the men, those) who belong to Jesus

2. ὁ τοῦ Ζεβεδαίου 아버지의 아들

→ The son of Zebedee ; the belonging-to-Zebedee

90. 대격의 용법

A. 공간 · 시간의 정도를 나타내는 대격

예 1 ἐπορεύθην μετ᾽ αὐτοῦ στάδιον ἕν.

→ I went with him one furlong.

예 2 ἔμεινα μίαν ἡμέραν.

→ I remained one day. (하루 동안)

B. 내역의 대격

예 τὸν ἀριθμὸν ὡς πεντακισχίλιοι

→ about five thousand in number (수효에 있어서)

91. 여격의 용법

A. 관점의 여격

예 1 γινωσκόμενος τῷ προσώπῳ

→ being known by face
so far as the face is concerned

예 2 καθαρὸς τῇ καρδίᾳ

→ pure in heart
so far as the heart is concerned

예 3 ἀνὴρ ὀνόματι Ἰάκωβος

→ a man by name James 또는
a man who is James so far as the name is concerned

B. 시간의 여격

예 ἐθεράπευσε ἐν τῷ σαββάτῳ. (τὸ σάββατον, 안식일)

→ He healed on the sabbath.

C. 장소(어떤 사건이 일어나는 장소)의 여격

예 ἔπεσαν χαμαί. (χαμαί adv.)

→ They fell to the ground. (요 18:6)

D. 수단의 여격

예 ἐγὼ ὕδατι βαπτίζω ὑμᾶς. (τὸ ὕδωρ, 물)

→ I baptize you with water. (눅 3:16)

E. 방법의 여격

예 καὶ παρρησίᾳ τὸν λόγον ἐλάλει. (ἡ παρρησία, 드러냄, 나타냄)

→ And he spoke the word openly. (막 8:32)

F. 원인의 여격

예 **τῇ ἀπιστίᾳ** ἐξεκλάσθησαν, σὺ δὲ **τῇ πίστει** ἕστηκας.
→ Because of unbelief they were broken off, and you stand by faith. (롬 11:20)
(ἡ ἀπιστία) (ἡ πίστις)

연습문제 44

※ 아래 문장을 우리말로 옮기시오.

1. Ἰάκωβος ὁ **τοῦ Ζεβεδαίου** καὶ Ἰωάννης ὁ ἀδελφὸς αὐτοῦ, (마 10:2)
2. τὰ περὶ Ἰησοῦ **τοῦ Ναζαρηνοῦ**, (눅 24:19)
3. οὕτως ἔσται ὁ υἱὸς τοῦ ἀνθρώπου ἐν τῇ καρδίᾳ τῆς γῆς **τρεῖς ἡμέρας καὶ τρεῖς νύκτας**. (마 12:40)
4. οὐ μετὰ τῶν ὀθονίων κείμενον ἀλλὰ χωρὶς ἐντετυλιγμένον εἰς **ἕνα τόπον**. (요 20:7)
5. αὐτὸς ὑμᾶς βαπτίσει ἐν **πνεύματι** ἁγίῳ καὶ πυρί·(마 3:11)
6. Μακάριοι οἱ πτωχοὶ **τῷ πνεύματι**, (마 5:3)
7. οἱ μαθηταί σου ποιοῦσιν ὃ οὐκ ἔξεστιν ποιεῖν ἐν **σαββάτῳ**. (마 12:2)

92. 속격의 특별 용법

A. 장소의 속격

장소를 나타내는 부사는 속격을 취한다.

ἔξω	: outside	예	ἔξω τῆς πόλεως	: outside of the city
ἐγγύς	: near	예	ἐγγὺς τῆς πόλεως	: near the city

B. 사이 시간의 속격

νυκτός	밤에	(마 2:14)	
ἡμέρας	낮에	(계 21:25)	
χειμῶνος	겨울에	(마 24:20)	(ὁ χειμών, ῶνος)
ἡμέρας μέσης	정오에	(행 26:23)	(μέσος, η, ον)
ἡμέρας καὶ νυκτός	밤낮	(눅 18:7)	
τοῦ σαββάτου	안식일에	(눅 18:12)	
τοῦ λοιποῦ	앞으로는, 이후로	(갈 6:17)	(λοιπός, ή, όν)
μέσης νυκτός	한 밤중에	(마 25:6)	

C 목적을 나타내는 관사를 가진 부정사의 속격

예 ἦλθεν πρὸς τὸν προφήτην **τοῦ βαπτισθῆναι** ὑπ' αὐτοῦ.

→ He came to the prophet in order to be baptized by him.

D. 비교의 속격

1. 비교급 + 속격 (명사, 대명사)

예 **μείζονα τούτων** ποιήσει.

→ greater things than these he will do.

2 비교급 + ἤ + 명사

예 ἠγάπησαν οἱ ἄνθρωποι **μᾶλλον** τὸ σκότος **ἤ** τὸ φῶς.

→ Men loved darkness more than light.

연습문제 45

※ 아래 문장을 우리말로 옮기시오.

1. μέλλει γὰρ Ἡρῴδης ζητεῖν τὸ παιδίον **τοῦ ἀπολέσαι** αὐτό. (마 2:13)
2. ἐξερχόμενοι **ἔξω** τῆς οἰκίας ἢ τῆς πόλεως ἐκείνης ἐκτινάξατε τὸν κονιορτὸν τῶν ποδῶν ὑμῶν. (마 10:14)
3. Ἦν δὲ καὶ ὁ Ἰωάννης βαπτίζων ἐν Αἰνὼν **ἐγγὺς** τοῦ Σαλείμ, (요 3:23)
4. καὶ **μείζονα τούτων** δείξει αὐτῷ ἔργα, ἵνα ὑμεῖς θαυμάζητε. (요 5:20)
5. **ἡμέρας μέσης** κατὰ τὴν ὁδὸν εἶδον, (행 26:13)

93. 의문대명사와 부정대명사

A. 변화

수	격	의문대명사		부정대명사	
		m. f.	n.	m. f.	n.
sg.	1.	τίς	τί	τις	τι
	4.	τίνα	τί	τινά	τι
	2.	τίνος	τίνος	τινός	τινός
	3.	τίνι	τίνι	τινί	τινί
pl.	1.	τίνες	τίνα	τινές	τινά
	4.	τίνας	τίνα	τινάς	τινά
	2.	τίνων	τίνων	τινῶν	τινῶν
	3.	τίσι(ν)	τίσι(ν)	τισί(ν)	τισί(ν)

뜻	who? which? What?	someone, something, a certain(one thing)

B. 특징

1. 의문대명사와 부정대명사의 변화는 동일하다.
2. 강세
   a. 의문대명사일 경우 모든 τι에 애큐트를 붙인다.
   b. 부정대명사일 경우 단음절인 τις, τι에는 강세가 없고, 그 외 두 음절의 경우 종음절에 애큐트가 붙는다 (단, pl. 2 격일 경우: τινῶν).
3. 의문대명사에 붙은 애큐트는 어떤 경우에도 그레이브로 바뀌지 않는다.

   예 τὶ λέγει; 가 아니라 τί λέγει; 이다 (What does he say?)

4. 의문대명사로 시작하는 의문문은 항상 의문부호(;)를 갖는다.

C. 의문대명사의 용법

1. 직접의문문, 간접의문문에서 사용된다.

예 1 εἶπαν οὖν αὐτῷ· **τίς** εἶ;

→ Then they said to him, "Who are you?" (요 1:22) : 〔직접의문문〕

예 2 οὐ γὰρ ᾔδει **τί** ἀποκριθῇ,

→ Because he did not know what to say, (막 9:6) : 〔간접의문문〕

2. τίς, τί는 형용사처럼 부가어적으로도 쓰인다.

예 1 **τί** σημεῖον δεικνύεις ἡμῖν … ;

→ What sign do you show to us … ? (요 2:18)

예 2 **τίνα** καρπὸν ἔχετε;

→ What fruit have ye?

3. τί의 부사적 용법

τί(n.sg.4.)는 '왜' 또는 '얼마나', '어찌하여'의 뜻을 나타내기도 한다.

예 1 τί κλαίεις;

→ Why are you weeping? (요 20:15)

예 2 **τί** στενὴ ἡ πύλη καὶ τεθλιμμένη ἡ ὁδὸς ἡ ἀπάγουσα εἰς τὴν ζωήν …

→ How narrow is the gate and how difficult is the way which leads to life? (마 7:14)

예 3 τί ποιεῖτε ταῦτα;

→ Why do ye do these things?

D. 부정대명사의 용법

1. 명사적 용법

예 πῶς δύναταί **τις** εἰσελθεῖν εἰς τὴν οἰκίαν τοῦ ἰσχυροῦ;

→ How can one enter a strong man's house? (마 12:29)

2. 한정적 용법

예 **ἄνθρωπός** τις εἶχεν δύο υἱούς.

→ A certain man had two sons. (눅 15:11)

3. τις의 대용어

εἷς	예 **εἷς** γραμματεὺς	(a certain scribe)
ἄνθρωπος	예 ἐχθρὸς **ἄνθρωπος**	(an enemy)
ἀνήρ	어떤 한 사람	(a certain man)

4. 부정대명사 τις, τι의 부정어인 부정대명사

οὐδείς , μηδείς (no one, nothing)

οὐ / μή … πᾶς (οὐδείς, οὐδεμία, οὐδέν)

연습문제 46

※ 아래 문장을 우리말로 옮기시오.

1. τίς ἐστιν οὗτος; (마 21:10)
2. **οὐδεὶς** ἐπιγινώσκει τὸν υἱὸν εἰ μὴ ὁ πατήρ, οὐδὲ τὸν πατέρα **τις** ἐπιγινώσκει εἰ μὴ ὁ υἱὸς καὶ ᾧ ἐὰν βούληται ὁ υἱὸς ἀποκαλύψαι. (마 11:27)
3. τί οὗτος οὕτως λαλει; (막 2:7)
4. καὶ ἐάν **τις** ὑμῖν εἴπῃ· **τί** ποιεῖτε τοῦτόεἴπατε· ὁ κύριος αὐτοῦ χρείαν ἔχει, (막 11:3)
5. **Τίνι** οὖν ὁμοιώσω τοὺς ἀνθρώπους τῆς γενεᾶς ταύτης καὶ **τίνι** εἰσὶν ὅμοιοι, (눅 7:31)
6. **τί** ποιοῦμεν ὅτι οὗτος ὁ ἄνθρωπος πολλὰ ποιεῖ σημεῖα; (요 11:47)
7. γινώσκετε **τί** πεποίηκα ὑμῖν; (요 13:12)
8. Κατ' ἐκεῖνον δὲ τὸν καιρὸν ἐπέβαλεν Ἡρῴδης ὁ βασιλεὺς τὰς χεῖρας κακῶσαί **τινας** τῶν ἀπὸ τῆς ἐκκλησίας. (행 12:1)
9. σώσω **τινὰς** ἐξ αὐτῶν. (롬 11:14)
10. Τεκνία, **μηδεὶς** πλανάτω ὑμᾶς· ὁ ποιῶν τὴν δικαιοσύνην δίκαιός ἐστιν, καθὼς ἐκεῖνος δίκαιός ἐστιν· (요일 3:7)

94. 관계대명사

A. 변화

수	격	m.	f.	n.
sg.	1.	ὅς	ἥ	ὅ
	4.	ὅν	ἥν	ὅ
	2.	οὗ	ἧς	οὗ
	3.	ᾧ	ᾗ	ᾧ
pl.	1.	οἵ	αἵ	ἅ
	4.	οὕς	ἅς	ἅ
	2.	ὧν	ὧν	ὧν
	3.	οἷς	αἷς	οἷς

B. 특징

1. 강세와 숨표: 1, 4 격은 [῞], 2, 3 격은 [῟]
2. 2, 3, 4 격일 때 관사 형태에서 τ가 빠진 형태이다.
3. m.sg.1. 일 때 ὅ가 아니라 ὅς이다.
4. n.sg.1, 4. 일 때 ὅν이 아니라 ὅ이다.

C. 용법

1. 다른 대명사처럼 관계대명사의 성과 수는 선행사(先行詞)에 일치해야 한다.

[예] ὁ ἀπόστολος **ὃν** εἶδες ἀπῆλθεν.

→ The apostle whom you saw went away.

2. 선행사가 2, 3격이고 동시에 관계대명사가 관계절에서 4격일 경우 4격의 관계대명사 대신 선행사의 격을 따라 2, 3격이 된다.

[예] ἐξῆλθον οἱ μαθηταὶ ἐκ τοῦ οἴκου **οὗ** ὁ ἄρχων ἔλυε σὺν τοῖς δούλοις αὐτοῦ.

→ The disciples came out of the house, which the ruler destroyed with his servants.

3. 관계대명사만으로써 선행사까지 포함한 뜻을 나타낼 수 있다.

ὅς : he who
ἥ : she who
ὅ : that which, what, the thing which
οἵ : the men who, they who
αἵ : the women who
ἅ : the things which

예 1 οὐκ ἔξεστίν μοι ὃ θέλω ποιῆσαι.
→ It is not lawful for me to do that / what I wish.

예 2 ὃς γὰρ οὐκ ἔστιν καθ' ὑμῶν ὑπὲρ ὑμῶν ἐστιν.
→ For he who is not against you is for you.

4. 전치사 + 관계대명사 : 선행사와 관계대명사 사이에 다른 낱말이 있고 선행사 앞에 전치사가 있을 경우에 사용된다.

예 μετῴκισεν αὐτὸν **εἰς** τὴν γῆν ταύτην **εἰς ἣν** ὑμεῖς νῦν κατοικεῖτε.
→ He (The God) moved him to this land in which you now dwell. (행 7:4)

5. 일상생활 언어 또는 히브리어의 영향을 받아 관계대명사 뒤에 인칭대명사가 중복될 수 있다.

예 **οὗ** τὸ πτύον ἐν τῇ χειρὶ **αὐτοῦ** καὶ διακαθαριεῖ τὴν ἅλωνα αὐτοῦ.
→ His winnowing fan is in His hand, and He will thoroughly purge His threshing floor. (마 3:12)

6. 관계대명사 + 부정대명사 (τις, τι) 의 결합형

'누구든지', '무엇이든지'(whoever, whichever, whatever)를 나타내는 형태로서 신약성경에는 주격만 사용된다.

수	m.	f.	n.
sg.	ὅστις	ἥτις	ὅτι
pl.	οἵτινες	αἵτινες	ἅτινα

예 μὴ σὺ μείζων εἶ τοῦ πατρὸς ἡμῶν Ἀβραάμ, ὅστις ἀπέθανεν;

→ Are you greater than our father Abraham, who is dead? (요 8:53)

※ 관계대명사 ὅτι (n.)는 접속사 ὅτι(that 목적절; in order that 부사절)와 구별하기 위해 ὅ τι 로 분리해서 쓴다.

7. πᾶς + 관계대명사 (ὅστις, ὅς, ὅσοι[pl.])

πᾶς ὅστις Whoever(~ 하는 자는 누구든지)
πᾶς ὅς
ὅστις

πᾶν ὅ τι Whatever(~ 하는 것은 모두)
πᾶν ὅ
ὅ τι

πάντες ὅσοι All whoever(~ 하는 자는 모두)
ὅσοι

예 πᾶς οὖν ὅστις ἀκούει μου τοὺς λόγους τούτους καὶ ποιεῖ αὐτούς, …

→ Therefore whoever hears these sayings of Mine, and does them, (마 7:24 상)

연습문제 47

※ 아래 문장을 우리말로 옮기시오.

1. ἐκ σοῦ γὰρ ἐξελεύσεται ἡγούμενος, **ὅστις** ποιμανεῖ τὸν λαόν μου τὸν Ἰσραήλ. (마 2:6)
2. οἶδεν γὰρ ὁ πατὴρ ὑμῶν **ὧν** χρείαν ἔχετε πρὸ τοῦ ὑμᾶς αἰτῆσαι αὐτόν. (마 6:8)
3. **Πᾶς** οὖν **ὅστις** ἀκούει μου τοὺς λόγους τούτους καὶ ποιεῖ αὐτούς, ὁμοιωθήσεται ἀνδρὶ φρονίμῳ, ὅστις ᾠκοδόμησεν αὐτοῦ τὴν οἰκίαν ἐπὶ τὴν πέτραν· (마 7:24)
4. πορευθέντες ἀπαγγείλατε Ἰωάννῃ **ἃ** ἀκούετε καὶ βλέπετε· (마 11:4)
5. ἰδοὺ ἐγὼ ἀποστέλλω τὸν ἄγγελόν μου πρὸ προσώπου σου, **ὃς** κατασκευάσει τὴν ὁδόν σου ἔμπροσθέν σου. (마 11:10)
6. Ἦσαν δὲ ἐκεῖ γυναῖκες πολλαὶ ἀπὸ μακρόθεν θεωροῦσαι, **αἵτινες** ἠκολούθησαν τῷ Ἰησοῦ ἀπὸ τῆς Γαλιλαίας διακονοῦσαι αὐτῷ· (마 27:55)
7. ἔλεγεν τῷ ὄχλῳ ὅτι ἓξ ἡμέραι εἰσὶν **ἐν αἷς** δεῖ ἐργάζεσθαι· (눅 13:4)
8. **πᾶν ὃ** δίδωσίν μοι ὁ πατὴρ πρὸς ἐμὲ ἥξει, (요 6:37)
9. **πάντες ὅσοι** ἦλθον πρὸ ἐμοῦ κλέπται εἰσὶν καὶ λῃσταί, (요 10:8)

95. 명 령 법

A. 변화

시상	인칭	수	능동태	중간태	수동태
현재	2.	sg.	λῦ ε	λύ ου	중간태와 동일
		pl.	λύ ετε	λύ εσθε	
	3	sg.	λύ ετω	λυ έσθω	
		pl.	λύ ετωσαν	λυ έσθωσαν	
제 1 단순과거	2.	sg.	λῦσ ον	λῦσ αι	λύθη τι
		pl.	λύσ ατε	λύσ ασθε	λύθη τε
	3.	sg.	λυσ άτω	λυσ άσθω	λυθή τω *
		pl.	λυσ άτωσαν	λυσ άσθωσαν	λυθή τωσαν
제 2 단순과거	2.	sg.	λίπ ε	λιπ οῦ	γράφ ηθι
		pl.	λίπ ετε	λίπ εσθε	γράφ ητε
	3.	sg.	λιπ έτω	λιπ έσθω	γραφ ήτω
		pl.	λιπ έτωσαν	λιπ έσθωσαν	γραφ ήτωσαν

B. 특징

1. 줄기 : 현재 **λυ-** , 단순과거 **λυσ-** , 단순과거 수동 **λυθη-**
2. 꼬리 :
   a. 2 인칭 복수: -τε 또는 -θε
   b. 3 인칭 단수: -τω 또는 -θω
   c. 3 인칭 복수: -τωσαν 또는 -θωσαν

3. 중간태
   a. 현재, 제 2 단순과거: -εσθε, -εσθω, -εσθωσαν
   b. 제 1 단순과거: -ασθε, -ασθω, -ασθωσαν

C. 2 인칭 복수를 기준으로 함

시상	인칭	수	직설법	명령법	뜻
현재능동	2.	sg.	λύ εις	λῦ ε	(thou) loose 계속되거나 반복되는 동작
		pl.	λύ ετε	λύ ετε	(ye) loose
	3.	sg.		λυ έτω	let him loose
		pl.		λυ έτωσαν	let them loose
현재중간수동	2.	sg.	λύ ῃ	λύ ου	M. loose (thou) for thyself P. be loosed
		pl.	λύ εσθε	λύ εσθε	M. loose (ye) for yourselves P. be (ye) loosed
	3.	sg.		λυ έσθω	M. let him loose for himself P. let him be loosed
		pl.		λυ έσθωσαν	M. let them loose for themselves
제1단순과거능동	2.	sg.	ἔλυ σας	λῦσ ον	loose (thou) / 일회적인 동작 명령
		pl.	ἐλύ σατε	λύσ ατε	
	3.	sg.		λυσ άτω	
		pl.		λυσ άτωσαν	
제1단순과거중간	2.	sg.	ἐλύσ ω	λῦσ αι	loose (thou) for thyself
		pl.	ἐλύσ ασθε	λύσ ασθε	loose (ye) for yourselves
	3.	sg.		λυσ άσθω	let him loose for himself
		pl.		λυσ άσθωσαν	let them loose for themselves
제1단순과거수동	2.	sg.	ἐλύθη ς	λύθη τι	be (thou) loosed
		pl.	ἐλύθη τε	λύθη τε	be (ye) loosed
	3.	sg.		λυθή τω	let him be loosed
		pl.		λυθή τωσαν	let them be loosed

시상	인칭	수	직설법	명령법	뜻
제2단순과거능동	2.	sg.	ἔλιπ ες	λίπ ε	leave (thou)
		pl.	ἐλίπ ετε	λίπ ετε	leave (ye)
	3.	sg.		λιπ έτω	let him leave
		pl.		λιπ έτωσαν	let them leave
제2단순과거중간	2.	sg.	ἐλιπ ου	λιπ οῦ *	leave (thou) for thyself
		pl.	ἐλίπ εσθε	λίπ εσθε	leave (ye) for yourselves
	3.	sg.		λιπ έσθω	let him leave for himself
		pl.		λιπ έσθωσαν	let them leave for themselves
제2단순과거수동	2.	sg.	ἐγράφη ς	γράφη θι	be (thou) written
		pl.	ἐγράφη τε	γράφη τε	be (ye) written
	3.	sg.		γραφή τω	let it be written
		pl.		γραφή τωσαν	let them be written

D. εἰμί의 명령법

시상	인칭	수	직설법	명령법	뜻
현재	2.	sg.	εἶ	ἴσ θι	be (thou)
		pl.	ἐστέ	ἔσ τε	be (ye)
	3.	sg.		ἔσ τω	let him be
		pl.		ἔσ τωσαν	let them be

E. 명령법의 시상

1. 현재 명령: 계속 또는 반복되는 동작을 명령

πιστεύετε εἰς τὸν θεόν. 하나님을 (계속하여) 믿으라.

Πάντοτε **χάρετε**, ἀδιαλείπτως **προσεύχεσθε**, ἐν παντὶ **εὐχαριστεῖτε**.
항상 기뻐하라, 쉬지 말고 기도하라, 모든 일에 감사하라 (살전 5:16-18)

2. 단순과거 명령: 일회적인 동작을 명령

λάβετε πνεῦμα ἅγιον. 성령을 (단번에) 받으라. (요 20:22)

εἴσελθε εἰς τὸ ταμεῖόν σου καὶ ··· 너의 골방으로 들어가라 ··· (마 6:6)

F. 3인칭 명령: '~ 되게 하라', '~ 하게 하라'

ἁγιασθήτω τὸ ὄνομά σου. 당신의 이름이 거룩히 여김을 받게 하소서.(마 6:9)

ἐλθέτω ἡ βασιλεία σου· 당신의 나라가 임하게 하소서. (마 6:10)

γενηθήτω τὸ θέλημά σου. 당신의 뜻이 이루어지게 하소서. (마 6:10)

G. 명령법의 용법: 직접 명령

ἀκούσατε τοὺς λόγους μου. 나의 말을 들으라.

ἀγαπᾶτε τοὺς ἐχθροὺς ὑμῶν. 너희 원수들을 사랑하라. (마 5:44)

H. 금지명령일 경우: μή + 명령법

μὴ θησαυρίζετε ὑμῖν θησαυροὺς ἐπὶ τῆς γῆς,
보물을 땅에 쌓아 두지 말라. (마 6:19)

1. 현재 명령의 부정: μή + 현재 명령 직설법

μὴ λῦε , μὴ λυέτε

2. 단순과거 명령의 부정: μή + 단순과거 가정법

μὴ λύσῃς , μὴ λύσῃ

부정어(否定語)

1. 직설법에서는 οὐ를 사용한다.
   a. 연한 숨표를 가진 모음 앞에서는 οὐκ를 사용한다.
   b. 거친 숨표를 가진 모음 앞에서는 οὐχ를 사용한다.

2. 직설법 외의 법(mood)에서는 μή를 사용한다.

   예 ὁ μὴ πιστεύων οὐ σώζεται.
   → The not-believing one is not saved.

   οὐδέ … οὐδέ ; μηδέ … μηδέ , οὔτε … οὔτε (neither … nor)

   καί A καί B (both A and B)
   ἤ A ἤ B (ἤ …) (either A or B)

연습문제 48

A. 문법

1. ἁγιάζω의 현재 능동태와 수동태 명령법 변화를 해보시오.
2. ἐλεέω의 단순과거 능동태와 수동태 명령법 변화를 해보시오.
3. λείπω의 제2단순과거 능동태와 중간태 명령법 변화를 해보시오.
4. εἰμί의 현재 명령법 변화를 해보시오.
5. 아래 도표의 동사를 분해(parsing)하시오.

변화형 동사	인칭	수	시제	태	법	현재능동태 1인칭단수	의미(뜻)
παράλαβε							
προσεύχεσθε							
ἁγιασθήτω							
ποιεῖτε							
γνώσεσθε							

B. 아래 문장을 우리말로 옮기시오.

1. οὕτως οὖν **προσεύχεσθε** ὑμεῖς· Πάτερ ἡμῶν ὁ ἐν τοῖς οὐρανοῖς· **ἁγιασθήτω** τὸ ὄνομά σου· (마 6:9)
2. εἴ τις δέλει ὀπίσω μου ἐλθεῖν, **ἀπαρνησάθω** ἑαυτὸν καὶ **ἀράτω** τὸν σταυρὸν αὐτοῦ καὶ **ἀκολουθείτω** μοι. (마 16:24)
3. καὶ **ἰδοὺ** σεισμὸς ἐγένετο μέγας· (마 28:2)
4. δεῦτε **ἴδετε** τὸν τόπον ὅπου ἔκειτο. (마 28:6)
5. **ἀκολούθει** μοι … (막 2:14)
6. ὕπαγε εἰς εἰρήνην καὶ **ἴσθι** ὑγιὴς ἀπὸ τῆς μάστιγός σου. (막 5:34)
7. **ἔξελθε** ἐξ αὐτοῦ καὶ μηκέτι εἰσέλθῃς εἰς αὐτόν. (막 9:25)
8. **ἄρθητι** καὶ **βλήθητι** εἰς τὴν θαλασσαν. (막 11:23)
9. **ἐγείρεσθε** ἄγωμεν· ἰδοὺ ὁ παραδιδούς με ἤγγικεν. (막 14:42)
10. **δοξάσατε** δὴ τὸν θεὸν ἐν τῷ σώματι ὑμῶν. (고전 6:20)
11. **Μὴ ἀγαπᾶτε** τὸν κόσμον μηδὲ τὰ ἐν τῷ κόσμῳ. ἐάν τις ἀγαπᾷ τὸν κόσμον, οὐκ ἔστιν ἡ ἀγάπη τοῦ πατρὸς ἐν αὐτῷ· (요일 2:15)

96. 현재완료 능동태 직설법

λε	+	λυ	+	κ	+	제 1 단순과거 인칭어미
(중첩두어)		(동사줄기)		(시제접미어)		(3P.pl. : - αν 또는 - ασι(ν))

수	P.	변 화	뜻
sg.	1.	λέ λυ κα	I have loosed
	2.	λέ λυ κας	thou havest loosed
	3.	λέ λυ κε(ν)	he/she has loosed
pl.	1.	λε λύ καμεν	we have loosed
	2.	λε λύ κατε	ye have loosed
	3.	λέ λυ καν/κασι(ν)	They have loosed

97. 과거완료 능동태 직설법

ἐ	+	λε	+	λυ	+	κ	+	-ν, -ς, -, -μεν, -τε, -ν/-σαν
(접두모음)		(중첩두어)		(동사줄기)		(시제접미어)		(제 2 시상 능동 인칭어미)

수	P.	변 화	뜻
sg.	1.	ἐ λε λύ κειν	I had loosed
	2.	ἐ λε λύ κεις	thou had loosed
	3.	ἐ λε λύ κει	he/she had loosed
pl.	1.	ἐ λε λύ κειμεν	we had loosed
	2.	ἐ λε λύ κειτε	ye had loosed
	3.	ἐ λε λύ κεισαν	they had loosed

98. 현재완료 줄기 만들기

1. λύω → λέλυκα

2. 동사의 원줄기가 모음이나 중모음으로 시작할 경우 첫모음을 길게 한다.
   ἐλπίζω → ἤλπικα
   αἰτέω → ᾔτηκα

3. 동사의 원줄기가 두개의 자음으로 시작할 경우 ἐ- 가 붙는다.
   γινώσκω * → ἔγνωκα (* 줄기 : γνο -)
   예외 γράφω → γέγραφα (아래 참조)

4. 동사의 원줄기가 φ, θ, χ 로 시작할 경우 πε-, τε-, κε- 가 붙는다.
   φιλέω → πεφίληκα
   θνήσκω * → τέθνηκα (* 현재완료와 과거완료형으로만 사용 : I am dead)
   χαριτόω → κεχαρίτωκα

99. 현재완료 능동태의 시상접미어 κ

1. 동사줄기가 모음으로 끝나는 단축동사일 경우 그 모음은 길어진다.
   ἀγαπάω → ἠγάπηκα
   φιλέω → πεφίληκα
   πληρόω → πεπλήρωκα

2. 동사줄기가 치음(τ, δ, θ)으로 끝날 경우 그 치음은 사라진다.
   ἐλπίζω → ἤλπικα (* 원줄기 : ἐλπίδ-)

3. 어떤 동사는 κ 없이 변화: 제 2 현재완료
   γράφω → γέγραφα

100. 현재완료 중간태/수동태 직설법

λε	+	λυ	+	-μαι, -σαι, -ται, -μεθα, -σθε, -νται
(중접두어)		(동사줄기)		(제 1 시상 중간/수동 인칭어미)

수	P.	변 화	뜻
sg.	1.	λέ λυ μαι	I have (been) loosed for myself
	2.	λέ λυ σαι	Thou havest loosed for thyself
	3.	λέ λυ ται	He has loosed …
pl.	1.	λε λύ μεθα	We have loosed …
	2.	λέ λυ σθε	ye have loosed …
	3.	λέ λυ νται	they have loosed …

101. 과거완료 중간태/수동태 직설법

ἐ	+	λε	+	λυ	+	-μην, -σο, -το, -μεθα, -σθε, -ντο
(접두모음)		(중접두어)		(동사줄기)		(제 2 시상 중간태 인칭어미)

수	P.	변 화	뜻
sg.	1.	ἐ λε λύ μην	I had (been) loosed for myself
	2.	ἐ λέ λυ σο	thou hadest loosed …
	3.	ἐ λέ λυ το	He had loosed …
pl.	1.	ἐ λε λύ μεθα	We had loosed …
	2.	ἐ λέ λυ σθε	Ye had loosed …
	3.	ἐ λέ λυ ντο	they had loosed …

연습문제 49

A. 문법

1. **πιστεύω**의 현재완료 능동태와 중간태(수동태) 직설법 변화를 해보시오.
2. μαρτυρέω의 과거완료 능동태와 중간태(수동태) 직설법 변화를 해보시오.
3. λύω의 현재완료 능동태 부정사를 쓰시오.
4. 아래 도표의 동사를 분해(parsing)하시오.

변화형 동사	인칭	수	시제	태	법	현재능동태 1인칭단수	의미(뜻)
ἀκηκόαμεν							
βεβάπτισται							
γέγραφασι							
εώράκατε							
τέθνηκα							

B. 아래 문장을 우리말로 옮기시오.

1. οὕτως **γέγραπται** διὰ τοῦ προγήτου· (마 2:5)
2. καὶ λέγων ὅτι **πεπλήρωται** ὁ καιρὸς καὶ **ἤγγικεν** ἡ βασιλεία τοῦ θεοῦ· μετανοεῖτε καὶ πιστεύετε ἐν τῷ εὐαγγελίῳ. (막 1:15)
3. οὐκ **ἐλήλυθα** καλέσαι δικαίους ἀλλὰ ἁμαρτωλοὺς εἰς μετάνοιαν. (눅 5:32)
4. ἀμὴν ἀμὴν λέγω σοι ὅτι ὃ **οἴδαμεν** λαλοῦμεν καὶ ὃ **ἑωράκαμεν** μαρτυροῦμεν, καὶ τὴν μαρτυρίαν ἡμῶν οὐ λαμβάνετε. (요 3:11)
5. ἤδη ὑμεῖς καθαροί ἐστε διὰ τὸν λόγον ὅν **λελάληκα** ὑμῖν. (요 15:3)
6. τοῖς πᾶσιν **γέγονα** πάντα, (고전 9:22)
7. καὶ οὐ δύναται ἁμαρτάνειν, ὅτι ἐκ τοῦ θεοῦ **γεγέννηται.** (요일 3:9)
8. ἡμεῖς **πεπιστεύκαμεν** τὴν ἀγάπεν ἥν ἔχει ὁ θεὸς ἐν ἡμῖν. (요일 3:16)

102. 마태복음 5-7장 동사 분해 연습

번호	동 사	인칭	수	시제	태	법	1인칭 단수 현재형	의 미	구절	비 고
1	παρακληθήσονται						παρακαλέω		5:4	
2	χορτασθήσονται						χορτάζω		5:6	
3	ἐλεηθήσονται						ἐλεέω		5:7	
4	κληθήσονται						καλέω		5:9	
5	ἁλισθήσεται						ἁλίζω		5:13	
6	δύναται						δύναμαι		5:14	
7	κληθήσεται						καλέω		5:19	
8	ἐρρέθη						εἶπον(2. aor.)		5:21	5:27, 31, 33, 43
9	βληθήσῃ						βάλλω		5:25	
10	μοιχᾶται						μοιχάω		5:32	
11	δύνασαι						δύναμαι		5:36	
12	ἀποστραφῇς						ἀποστρέφω		5:42	
13	εἰσακουσθήσονται						εἰσακούω		6:7	
14	δύναται						δύναμαι		6:24	7:18
15	δύνασθε						δύναμαι		6:24	

번호	동 사	인칭	수	시제	태	법	1 인칭 단수 현재형	의 미	구절	비 고
16	προστεθήσεται						προστίθημι		6:33	
17	κριθήσεσθε						κρίνω		7:2	
18	μετρηθήσεται						μετρέω		7:2	
19	δοθήσεται						δίδωμι		7:7	
20	ἀνοιγήσεται						ἀνοίγω		7:7	
21	ἐκκόπτεται						ἐκκόπτω		7:19	
22	βάλλεται						βάλλω		7,19	
23	ὁμοιωθήσεται						ὁμοιόω		7:24	7:26
24	τεθεμελίωτο						θεμελιόω		7:25	
25	ἐξεπλήσσοντο						ἐκπλήσσω		7:28	
26	ἀγαλλιᾶσθε						ἀγαλλιάω		5:12	
27	ἔσται						εἰμί		5:21	6:21
28	προσεύχεσθε						προσεύχομαι		5:44	6:9
29	ἔσεσθε						εἰμί		5:48	6:5
30	γίνεσθε						γίνομαι		6:16	

번호	동 사	인칭	수	시제	태	법	1인칭 단수 현재형	의 미	구절	비 고
31	ἀνθέξεται						ἀντέχομαι		6:24	
32	περιεβάλετο						περιβάλλω		6:29	
33	ἔρχονται						ἔρχομαι		7:15	
34	ἐπιγνώσεσθε						ἐπιγινώσκω		7:16	7:20
35	εἰσελεύσεται						εἰσέρχομαι		7:21	
36	ἐγένετο						γίνομαι		7:28	

103. 형용사의 비교급

A. 규칙 변화

구 분	m.	f.	n.
비교급	- τερος	- τέρα	- τερον
최상급	- τατος	- τάτη	- τατον

1. δίκαιος의 변화

구 분	m.	f.	n.
원 급	δίκαιος	δικαία	δίκαιον
비교급	δικαιότερος	δικαιοτέρα	δικαιότερον
최상급	δικαιότατος	δικαιοτάτη	δικαιότατον

2. 특징

a. 줄기가 -ο로 끝나는 형용사일 경우: ο → ω

σοφός → σοφώτερος, σοφωτέρα, σοφώτερον (wise)
σοφώτατος, σοφωτάτη, σοφώτατον

b. 장모음의 줄기로 끝날 경우: 그대로

δίκαιος — δικαιότερος — δικαιότατος

c. 줄기가 - η로 끝날 경우: η → ε + σ + τερος, τατος

ἀσθενής — ἀσθενέστερος — ἀσθενέστατος (weak, ill)

d. 줄기가 -ων으로 끝날 경우: -ων → -ον + (-έστερος, -έστατος)

σώφρων — σωφρονέστερος — σωφρονέστατος (근신한, 딤전 3:2)

e. 줄기가 - υ로 끝날 경우: + τερος, τατος

βαθύς — βαθύτερος — βαθύτατος (deep)

※ 형용사의 비교급, 최상급의 성, 수, 격에 따른 변화는 명사 제1, 2변화와 같다.

B. 불규칙 변화

원　급	비교급(제 3 변화)	최상급(1, 2 변화)	뜻
ἀγαθός	κρείσσων, ον	κράτιστος, η, ον	good
κακός	χείρων	χείριστος	bad, evil
καλός	καλλίων	κάλλιστος	good, beautiful
*μέγας	μείζων	μέγιστος	great, big
*μικρός	ἐλάσσων	ἐλάχιστος	little, small
*ὀλίγος	ἐλάσσων	ἐλάχιστος	few, little
*πολύς	πλείων	πλεῖστος	many, much
ταχύς	ταχίων	τάχιστος	fast

※ πολύς는 비교급의 경우 -ιων(m.f.), -ιον(n.)으로 변화(명사 제3변화로)하고, 최상급의 경우 -ιστος, -η, -ον으로 변화(명사1, 2변화)한다.

구　분	πολύς (m.)	πολλή (f.)	πολύ (n.)
비교급	πλείων	πλεῖον	πλέον
최상급	πλεῖστος	πλεῖστη	πλεῖστον

C. μείζων의 변화(명사 제 3 변화)

1. 변화

격	sg.		pl.	
	m. f.	n.	m. f.	n.
1.	μείζων	μεῖζον	μείζονες *	μείζονα
4.	μείζονα	μεῖζον	μείζονας *	μείζονα
2.	μείζονος	μείζονος	μειζόνων	μειζόνων
3.	μείζονι	μείζονι	μείζοσι(ν)	μείζοσι(ν)

2. 특징

a. μείζων (sg.m/f.1.)과 μεῖζον (n.sg.1.) 어미와 강세 구별에 유의하라!

b. m/f. pl.1/4.은 μείζονες, μείζονας 대신 μείζους를 쓰기도 한다.

c. n.pl.1/4.은 μείζονα 대신 μείζω를 사용하기도 한다.

d. pl.3. 은 μείζουσι(ν) 가 아니라 μείζοσι(ν) 임을 유의하라!

연습문제 50

A. 문법

1. ἰσχυρός, α, ον의 비교급과 최상급 변화를 해보시오(명사1, 2변화와 같음).
2. μικρός의 비교급 변화를 해보시오.
3. μείζων의 중성 대격을 쓰시오.
4. δίκαιος의 최상급의 여성 여격을 쓰시오(규칙변화).

B. 아래 문장을 우리말로 옮기시오.

1. εἰ οὖν οὐδὲ **ἐλάχιστον** δύνασθε, τί περὶ τῶν λοιπῶν μεριμνᾶτε; (눅 12:26)
2. ὁ δὲ Παῦλος· οὐ μαίνομαι, φησίν, **κράτιστε** Φῆστε, ἀλλὰ ἀληθείας καὶ σωφροσύνης ῥήματα ἀποφθέγγομαι. (행 26:25)
3. ἀγαπᾷς με **πλέον** τούτων; (요 21:15)
4. τὸ μωρὸν τοῦ θεοῦ **σοφώτερον** τῶν ἀνθρώπων ἐστὶν καὶ τὸ ἀσθενὲς τοῦ θεοῦ **ἰσχυρότερον** τῶν ἀνθρώπων. (고전 1:25)
5. **μακαριωτέρα** δέ ἐστιν ἐὰν οὕτως μείνῃ, κατὰ τὴν ἐμὴν γνώμην· (고전 7:40)
6. μὴ **ἰσχυρότεροι** αὐτοῦ ἐσμεν; (고전 10:22)
7. **μείζων** δὲ ὁ προφητεύων ἢ ὁ λαλῶν γλώσσαις, (고전 14:5)

104. 부사의 비교급

A. 부사 만들기

대부분의 부사는 형용사의 복수 속격 어미 - ων 의 변형인 -ως 를 붙여 만든다.

형용사	복수 속격	부 사	뜻
ἀληθής	ἀληθῶν	ἀληθῶς	참되게
καλός	καλῶν	καλῶς	선하게, 잘
πᾶς	πάντων	πάντως	모두

B. 형용사의 비교 원칙을 따른다.

구 분	원 급	비교급	최상급
- ως인 경우	- ως	- τερον (n.sg.4)	- τατα (n.pl.4)
	ἀληθῶς	ἀληθέστερον	ἀληθέστατα
	δικαιῶς	δικαιότερον	δικαιότατα
- ω인 경우	ἄνω	ἀνωτέρω	ἀνωτάτω
	κάτω	κατωτέρω	κατωτάτω

C. 불규칙 변화

원 급	비교급	최상급	뜻
ἐγγύς	ἐγγύτερον	ἔγγιστα	가깝게
καλῶς	κάλλιον	(κάλλιστα)	좋게, 잘
*μάλα	μᾶλλον	μάλιστα	매우, 더욱 더, 가장
πολύ	πλεῖον πλέον	μάλιστα (πλεῖστα)	많이

※ 의문 부사

ποῦ	(where)	ποῖ	(to where)	πόθεν	(from where)
τί	(why)	πότε	(when)	πῶς	(how)

연습문제 51

A. 문법

1. κακός, α, ον의 부사형을 쓰시오.
2. ἱκανῶς의 비교급을 쓰시오.
3. μεγαλῶς의 최상급을 쓰시오.

B. 아래 문장을 우리말로 옮기시오.

1. ἀνεῖλεν πάντας τοὺς παῖδας τοὺς ἐν Βηθλέεμ καὶ ἐν πᾶσι τοῖς ὁρίοις αὐτῆς ἀπὸ διετοῦς καὶ **κατωτέρω**, ··· (마 2:16)
2. Λέγω γὰρ ὑμῖν ὅτι ἐὰν μὴ περισσεύσῃ ὑμῶν ἡ δικαιοσύνη **πλεῖον** τῶν γραμματέων καὶ Φαρισαίων, οὐ μὴ εἰσέλθητε εἰς τὴν βασιλείαν τῶν οὐρανῶν. (마 5:20)
3. οὗτός ἐστιν **ἀληθῶς** ὁ σωτὴρ τοῦ κόσμου. (요 4:42)
4. ἠγάπησαν οἱ ἄνθπωποι μᾶλλον τὸ σκότος ἤ τὸ φῶς· (요 3:19)
5. ἀγαπᾷς με **πλέον** τούτων; (요 21:15)
6. Ἰουδαίους οὐδὲν ἠδίκησα ὡς καὶ σὺ **κάλλιον** ἐπιγινώσκεις. (행 25:10)
7. ἀσπάζονται ὑμᾶς πάντες οἱ ἅγιοι, **μάλιστα** δὲ οἱ ἐκ τῆς Καίσαρος οἰκίας. (빌 4:22)

105. - μι 동사

A. 정의

-μι 동사란 현재 능동태 직설법 단수 1인칭의 어미가 -μι로 끝나는 동사로서 -ω 동사의 고대형이다. 즉 -ω 동사는 원래 -ομι였는데 변하여 -ω가 되었다.

B. 종류

1. 규칙 동사(규칙 변화) : **δίδωμι, τίθημι, ἵστημι**
2. 불규칙 동사(불규칙 변화) : **εἰμί, ἀφίημι, οἶδα, φημί**
3. 기타: **δείκνυμι, ὄλλυμι, ζώννυμι** → νυ (또는 ννυ)를 현재나 미완료의 줄기와 꼬리 사이에 삽입하여 -νυμι로 끝나는 동사들이다.

δίδωμι	(give)	οἶδα	(know)
τίθημι	(place, put)	φημί	(say)
ἵστημι	(cause to stand, stand)	δείκνυμι(δεικνύω)	(show)
εἰμί	(be)	ὄλλυμι	(destroy)
ἀφίημι	(forgive, leave, let go)	ζώννυμι	(gird)

C. 특징

1. **동사변화에서 인칭꼬리가 연결모음(ο / ε) 없이 어간에 붙는다.**
2. **현재, 제 2 단순과거에서만 -ω 동사와 다르게 변화한다.**
3. **현재에서 중첩두어를 붙인다.**

στημι — **σί** στημι — ἵστημι

※ 중첩두어를 갖는 -ω 동사

(γ)νωσκω — **γι**νώσκω (know)

(γ)νομαι — **γί**νομαι (become, come into being, appear in history)

4. 중요한 **-μι** 동사의 어간

ἀφίημι (- ἑ -) ἵστημι (- στα -)

δίδωμι (- δο -) τίθημι (- θε -)

106. δίδωμι 동사 변화

A. 직설법

1. 특징

a. 현재, 미완료에서 δι- 라는 중첩두어를 갖는다.

b. 현재 능동 직설 단수 변화에서 δο- 는 δω- 로 길어진다.

c. ἀφίημι, δίδωμι, τίθημι는 단순과거에서 σα 대신 κα를 취한다.

d. 합성동사

παραδίδωμι (deliver over, hand over)

ἀποδίδωμι (give back, pay, give what is owed or promised)

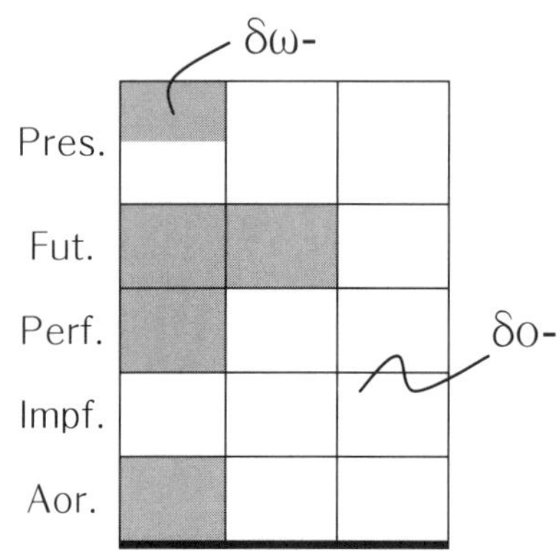

능동태	중간태	수동태
διδω - διδο -	διδο -	διδο -
δωσ -	δωσ -	δοθησ -
δεδωκ -	δεδο -	δεδο -
ἐδιδο -	ἐδιδο -	ἐδιδο -
ἐ δωκ -	ἐ δο -	ἐ δοθη -

2. 변화

시제	수	인칭	능동태	중간태	수동태	비고
현재	sg.	1.	δί δω μι	δί δο μαι	중간태와 동일	*능동태의 특징 1. 줄기 -δο-의 모음 ο - sg.: ο → ω - pl.: 그대로 ο 2. 어미 -sg.: μι, ς, σι(ν) -pl.: μεν, τε, ασι(ν) 3. 연결모음 없다.
		2.	δί δω ς	δί δο σαι		
		3.	δί δω σι(ν)	δί δο ται		
	pl.	1.	δί δο μεν	δι δό μεθα		
		2.	δί δο τε	δί δο σθε		
		3.	δι δό ασι(ν)	δί δο νται		
미래	sg.	1.	δώ σ ω	δώ σ ο μαι	δο θήσ ο μαι	1. 능동/중간태의 줄기: δωσ- 2. 수동태의 줄기: δοθησ-
		2.	δώ σ εις	δώ σ ῃ	δο θήσ ῃ	
		3.	δώ σ ει	δώ σ ε ται	δο θήσ ε ται	
	pl.	1.	δώ σ ο μεν	δω σ ό μεθα	δο θησ ό μεθα	
		2.	δώ σ ε τε	δώ σ ε σθε	δο θήσ ε σθε	
		3.	δώ σ ου σι(ν)	δώ σ ο νται	δο θήσ ο νται	
현재완료	sg.	1.	δέ δω κ α	δέ δο μαι	중간태와 동일	
		2.	δέ δω κ α ς	δέ δο σαι		
		3.	δέ δω κ ε (ν)	δέ δο ται		
	pl.	1.	δε δώ κ α μεν	δε δό μεθα		
		2.	δε δώ κ α τε	δέ δο σθε		
		3.	δε δώ κ α ν/σι(ν)	δέ δο νται		
미완료	sg.	1.	ἐ δί δο υν *1	ἐ δι δό μην	중간태와 동일	*1. -δο의 ο → ου (sg.) *2. pl.3.의 ν → σαν
		2.	ἐ δί δο υς	ἐ δί δο σο		
		3.	ἐ δί δο υ	ἐ δί δο το		
	pl.	1.	ἐ δί δο μεν	ἐ δι δό μεθα		
		2.	ἐ δί δο τε	ἐ δί δο σθε		
		3.	ἐ δί δο σαν *2	ἐ δί δο ντο		
단순과거	sg.	1.	ἔ δω κ α	ἐ δό μην	ἐ δό θη ν	
		2.	ἔ δω κ α ς	ἔ δο υ	ἐ δό θη ς	
		3.	ἔ δω κ ε (ν)	ἔ δο το	ἐ δό θη	
	pl.	1.	ἐ δώ κ α μεν	ἐ δό μεθα	ἐ δό θη μεν	
		2.	ἐ δώ κ α τε	ἔ δο σθε	ἐ δό θη τε	
		3.	ἔ δω κ α ν	ἔ δο ντο	ἐ δό θη σαν	

B. 가정법

수	인칭	현 재		단순과거		
		능동태	중간/수동태	능동태	중간태	수동태
sg.	1.	διδῶ *	διδῶμαι	δῶ	δῶμαι	δοθῶ
	2.	διδῷς	διδῷ	δῷς	δῷ *	δοθῇς
	3.	διδῷ	διδῶται	δῷ	δῶται	δοθῇ
pl.	1.	διδῶμεν	διδώμεθα*	δῶμεν	δώμεθα	δοθῶμεν
	2.	διδῶτε	διδῶσθε	δῶτε	δῶσθε	δοθῆτε
	3.	διδῶσι(ν)	διδῶνται	δῶσι(ν)	δῶνται	δοθῶσι(ν)
비 고		* διδόω → διδῶ 2aor.처럼 변화	* 강세 ῶ 또는 ῆ이나 이것만 ώ	* 2aor.처럼 변화. * 어미변화는 현재와 동일	* δῷ는 능동 sg.3.과 동일	

C. 부정사

현재 능동	현재 중간/수동	단순과거 능동	단순과거 중간	단순과거 수동
διδόναι	δίδοσθαι	δοῦναι	δόσθαι	δοθῆναι

D. 명령법

인칭	수	현재 능동	현재중간/수동	단순과거 능동	단순과거 중간	단순과거 수동
2.	sg.	δίδου	δίδοσο	δός	δοῦ	δόθητι
	pl.	δίδοτε	δίδοσθε	δότε	δόσθε	δόθητε
3.	sg.	διδότω	διδόσθω	δότω	δόσθω	δοθήτω
	pl.	διδότωσαν	διδόσθωσαν	δότωσαν	δόσθωσαν	δοθήτωσαν

E. 분사

격	성	현재 능동	현재중간/수동	단순과거 능동	단순과거 중간	단순과거 수동
sg. 1.	m.	διδούς	διδόμενος	δούς	δόμενος	δοθείς
	f.	διδοῦσα	διδομένη	δοῦσα	δομένη	δοθεῖσα
	n.	διδόν	διδόμενον	δόν	δόμενον	δοθέν
sg. 2.	m.	διδόντος		δόντος		
	f.	διδούσης		δούσης		
	n.	διδόντος		δόντος		

연습문제 52

A. 문법

1. **δίδωμι** 동사의 기본형을 쓰시오.

시제	현재능동태	미래능동태	과거능동태	현재완료 능동태	현재완료 수동태	과거수동태
기본형						

2. **δίδωμι**의 현재 능동태 분사 남성, 여성, 중성 단수 주격과 속격을 각각 쓰시오.
3. **δίδωμι**의 현재와 과거 능동태 부정사를 각각 쓰시오.
4. **δίδωμι**의 단순과거 능동태 분사 남성, 여성, 중성 단수 주격을 각각 쓰시오.
5. 아래 도표의 동사를 분해(parsing)하시오.

변화형 동사	인칭	수	시제	태	법	현재능동태 1인칭단수	의미(뜻)
δίδως							
διδῶτε							
δίδου							
ἐδίδομεν							
ἔδωκαν							
δῷς							
δότωσαν							
δέδοσαι							

B. 아래 문장을 우리말로 옮기시오.

1. Μὴ **δῶτε** τὸ ἅγιον τοῖς κυσὶν μηδὲ βάλητε τοὺς μαργαρίτας ὑμῶν ἔμπροσθεν τῶν χοίρων, (마 7:6)
2. ὑμῖν **δέδοται** γνῶναι τὰ μυστήρια τῆς βασιλείας τῶν οὐρανῶν, ἐκείνοις δὲ οὐ **δέδοται.** (마 13:11)
3. **ἐδόθη** μοι πᾶσα ἐξουσία ἐν οὐρανῷ καὶ ἐπὶ τῆς γῆς. (마 28:18)
4. πῶς δύναται οὗτος ἡμῖν **δοῦναι** τὴν σάρκα αὐτοῦ φαγεῖν; (요 6:52)
5. αἰτείτω παρὰ τοῦ **διδόντος** θεοῦ πᾶσιν ἁπλῶς … (약 1:5)

107. γινώσκω의 제 2 단순과거

1. γινώσκω는 ω 동사이나 μι 동사 형식으로(제 2 단순과거 능동태에서) 변화한다.

2. 원줄기 γνο- 는 대개 길어져 γνω- 가 된다.

3. 어미변화: 제 2 시상 능동태 인칭어미

- ν,	- ς,	無,	- μεν,	- τε,	- ν / - σαν

4. 용례

ἔγνων, ἔγνως, ἔγνω, ἔγνωμεν, ἔγνωτε, ἔγνωσαν

연습문제 53

A. **문법**: 아래 도표의 동사를 분해(parsing)하시오.

변화형동사	인칭	수	시제	태	법	현재능동태 1인칭단수	의미(뜻)
ἔγνωμεν							
γνῶ							
γνῶθι							

B. 아래 문장을 우리말로 옮기시오.

1. καὶ τότε ὁμολογήσω αὐτοῖς ὅτι οὐδέποτε **ἔγνων** ὑμᾶς· (마 7:23)
2. **γνοὺς** δὲ ὁ Ἰησοῦς τὴν πονηρίαν αὐτῶν εἶπεν· (마 22:18)
3. **ἔγνωσαν** γὰρ ὅτι πρὸς αὐτοὺς τὴν παραβολὴν εἶπεν. (막 12:12)
4. ἀλλ' ἵνα **γνῷ** ὁ κόσμος ὅτι ἀγαπῶ τὸν πατέρα, καὶ καθὼς ἐνετείλατό μοι ὁ πατήρ, οὕτως ποιῶἐγείρεσθε, ἄγωμεν ἐντεῦθεν. (요 14:31)

108. μέν과 δέ 앞에 오는 관사

μέν 이나 δέ 앞에 오는 관사는 가끔 he, she, it, they 의 뜻으로 인칭대명사의 역할을 한다.

예 1 τοῦτο ἠρώτησαν αὐτόν. ὁ δὲ ἀπεκρίθη αὐτοῖς.

→ This they asked him. **And he** answered them.

예 2 ἦλθον πρὸς αὐτοὺς αἰτῶν τι παρ' αὐτῶν· **οἱ δὲ** ἐποίησαν οὐδέν.

→ I came to them asking something from them. **But they** did nothing.

μέν ··· δέ	on the one hand ··· on the other (대조의 용법) (해석할 때 종종 μέν은 해석하지 않고 δέ는 '그러나'로 해석)

연습문제 54

※ 아래 문장을 우리말로 옮기시오.

1. **ὁ δὲ** ἐγερθεὶς παρέλαβεν τὸ παιδίον καὶ τὴν μητέρα αὐτοῦ νυκτὸς ··· (마 2:14)
2. **ὁ δὲ** ἀποκριθεὶς εἶπεν· (마 17:11)
3. **οἱ μὲν** ἔλεγον ὅτι ἀγαθός ἐστιν, ··· (요 7:12)
4. **Οἱ μὲν** οὖν ἐπορεύοντο χαίροντες ἀπὸ προσώπου τοῦ συνεδρίου, ··· (행 5:41)
5. αὐτὸς ἔδωκεν τοὺς **μὲν** ἀποστόλους, τοὺς **δὲ** προφήτας, τοὺς εὐαγγελιστάς, τοὺς **δὲ** ποιμένας καὶ διδασκάλους. (엡 4:11)

109. τίθημι 변화

A. 특징

1. τίθημι의 줄기는 θε-이며 현재변화는 δίδωμι 처럼 접두어 τι-를 갖는다.
2. 미래는 규칙적으로 변화한다.

θήσω (act.) — θήσομαι (mid.) — τεθήσομαι (pass.)

3. 현재완료에서 θε는 θει로 (θη가 아니라) 길어진다.

τέθεικα (act.) — τέθειμαι (mid./pass.)

4. 단순과거 수동태 줄기는 θε가 τε로 변하고 모음 ε는 시상 접미어 θε 앞에서도 길어지지 않는다.

ἔθηκα (act.) — ἐθέμην (mid.) — ἐτέθην (pass.)

5. τίθημι (place)의 기본형

τίθημι,	θήσω,	ἔθηκα,	τέθεικα,	τέθειμαι,	ἐτέθην
Pres.	fut.	aor.	perf.	perf.pass.	aor.pass

B. 변화

1. 직설법

시제	수	인칭	능 동	중 간	수 동
현재	sg.	1.	τί θη μι	τί θε μαι	중간태와 동일
		2.	τί θη ς	τί θε σαι	
		3.	τί θη σι(ν)	τί θε ται	
	pl.	1.	τί θε μεν	τι θέ μεθα	
		2.	τί θε τε	τί θε σθε	
		3.	τι θέ ασι(ν)	τί θε νται	
미완료	sg.	1.	ἐ τί θη ν	ἐ τι θέ μην	중간태와 동일
		2.	ἐ τί θε ς	ἐ τί θε σο	
		3.	ἐ τί θε	ἐ τί θε το	
	pl.	1.	ἐ τί θε μεν	ἐ τι θέ μεθα	
		2.	ἐ τί θε τε	ἐ τί θε σθε	
		3.	ἐ τί θε σαν	ἐ τί θε ντο	
단순과거	sg.	1.	ἔ θη κ α	ἐ θέ μην	ἐ τέ θη ν
		2.	ἔ θη κ α ς	ἔ θ ου	ἐ τέ θη ς
		3.	ἔ θη κ ε (ν)	ἔ θε το	ἐ τέ θη
	pl.	1.	ἐ θή κ α μεν	ἐ θέ μεθα	ἐ τέ θη μεν
		2.	ἐ θή κ α τε	ἔ θε σθε	ἐ τέ θη τε
		3.	ἔ θη κ α ν	ἔ θε ντο	ἐ τέ θη σαν

2. 가정법

수	인칭	현재(τι가 있음)		단순과거(τι가 없음)	
		act.	mid./pass.	act.	mid.
sg.	1.	τι θ ῶ	τι θ ῶ μαι	θ ῶ	θ ῶ μαι
	2.	τι θ ῇς	τι θ ῇ	θ ῇς	θ ῇ
	3.	τι θ ῇ	τι θ ῆ ται	θ ῇ	θ ῆ ται
pl.	1.	τι θ ῶμεν	τι θ ώ μεθα	θ ῶμεν	θ ώ μεθα
	2.	τι θ ῆτε	τι θ ῆ σθε	θ ῆτε	θ ῆ σθε
	3.	τι θ ῶσι(ν)	τι θ ῶ νται	θ ῶσι(ν)	θ ῶ νται

3. **명령법**(τι가 현재에는 있고, 단순과거에는 없음)

인칭	수	현재 능동	현재 중간/수동	단순과거 능동	단순과거 수동
2.	sg.	τίθει	τίθεσο	θές	θοῦ
	pl.	τίθετε	τίθεσθε	θέτε	θέσθε
3.	sg.	τιθέτω	τιθέσθω	θέτω	θέσθω
	pl.	τιθέτωσαν	τιθέσθωσαν	θέτωσαν	θέσθωσαν

4. **부정사**

현재 능동	현재 중간/수동	단순과거 능동	단순과거 중간
τιθέναι	τίθεσθαι	θεῖναι	θέσθαι

5. **분사**(τι가 현재에는 있고, 단순과거에는 없음)

성	현재 능동	현재 중간/수동	단순과거 능동	단순과거 중간
m.	τιθείς	τιθέμενος	θείς	θέμενος
f.	τιθεῖσα	τιθέμενη	θεῖσα	θεμένη
n.	τιθέν	τιθέμενον	θέν	θέμενον

연습문제 55

A. 문법

1. τίθημι 동사의 기본형을 쓰시오.

시제	현재능동태	미래능동태	과거능동태	현재완료 능동태	현재완료 수동태	과거수동태
기본형						

2. τίθημι의 현재 능동태 분사 남성, 여성, 중성 단수 주격과 속격을 각각 쓰시오.
3. τίθημι의 현재와 과거 능동태 부정사를 각각 쓰시오.

4. **τίθημι**의 단순과거 능동태 분사 남성, 여성, 중성 단수 주격을 각각 쓰시오.

5. 아래 도표의 동사를 분해(parsing)하시오.

변화형동사	인칭	수	시제	태	법	현재능동태 1인칭단수	의미(뜻)
τίθησι							
ἐτιθέμην							
τιθῆτε							
τίθεσθε							
ἐθήκαμεν							
θῶμαι							
θές							
θέσθε							

B. 아래 문장을 우리말로 옮기시오.

1. ἐν ταῖς ἀγοραῖς **ἐτίθεσαν** τοὺς ἀσθενοῦντας … (막 6:56)
2. καὶ **ἔθηκεν** θεμέλιον ἐπὶ τὴν πέτραν· (눅 6:48)
3. καθὼς γινώσκει με ὁ πατὴρ κἀγὼ γινώσκω τὸν πατέρα, καὶ τὴν ψυχήν μου **τίθημι** ὑπὲρ τῶν προβάτων. (요 10:15)
4. καὶ **ἐτίθουν** παρὰ τοὺς πόδας τῶν ἀποστόλων, διεδίδετο δὲ ἑκάστῳ … (행 4:35)
5. ἐξουσίαν ἔχω **θεῖναι** αὐτήν, καὶ ἐξουσίαν ἔχω πάλιν λαβεῖν αὐτήν· (요 10:18)

110. ἵστημι 동사의 변화

ἵστημι, στήσω, ἔστησα, ἕστηκα, ἕσταμαι, ἐστάθην, I cause to stand

pres. fut. aor. perf. perf.pass. aor.pass.

A. 특징

1. ἵστημι의 원래 줄기는 στα 이다.
2. 현재 변화에서 ἱ-가 접두어로 붙는다.
3. 시상접미어 σ-나 σα 앞에서 줄기의 끝모음 α가 η로 길어진다.
4. 현재, 미래, 미완료, 단순과거에서는 타동사('서게 하다', '두다')이다.
5. 현재완료, 과거완료, 제 2 단순과거에서는 자동사('서 있다')이다.
6. 현재완료, 과거완료형은 οἶδα의 경우처럼 각각 현재, 미완료의 뜻을 갖는다.
7. 현재완료 능동태는 ϵ-라는 중접두어를 갖는다.
8. 현재완료 중간태/수동태는 줄기 στα를 그대로 가지며 α는 길어지지 않는다.
9. 단순과거 수동태의 줄기는 그대로 στα이다.
10. 중접두어를 갖는 시상(현재와 완료)에서 σι(중접두어)의 σ가 없어지는 대신 ἱ나 ἑ가 된다.

B. 변화

1. 직설법

수	인칭	타동사				자동사	γινώσκω
		현 재		미완료		제 2 단과	제 2 단과
		act.	mid./pass.	act.	mid./pass.	act.	act.
sg.	1.	ἵστη μι	ἵστα μαι	ἵστη ν	ἱστα μην	ἔστη ν	ἔγνω ν
	2.	ἵστη ς	ἵστα σαι	ἵστη ς	ἵστα σο	ἔστη ς	ἔγνω ς
	3.	ἵστη σι(ν)	ἵστα ται	ἵστη	ἵστα το	ἔστη	ἔγνω
pl.	1.	ἵστα μεν	ἱστά μεθα	ἵστα μεν	ἱστά μεθα	ἔστη μεν	ἔγνω μεν
	2.	ἵστα τε	ἵστα σθε	ἵστα τε	ἵστα σθε	ἔστη τε	ἔγνω τε
	3.	ἱστᾶ σι(ν)	ἵστα νται	ἵστα σαν	ἵστα ντο	ἔστη σαν	ἔγνω σαν

2. **가정법**(접두어 ι-가 현재의 경우는 있고, 제 2 단순과거의 경우는 없음)

수	인칭	pres.act.	pres.mid./pass.	2aor.act.	γινώσκω 2aor.act.
sg.	1.	ἱ στ ῶ	ἱ στ ῶ μαι	στ ῶ	γν ῶ
	2.	ἱ στ ῇς	ἱ στ ῇ	στ ῇς	γν ῷ ς
	3.	ἱ στ ῇ	ἱ στ ῆ ται	στ ῇ	γν ῷ (γνοῖ)
pl.	1.	ἱ στ ῶμεν	ἱ στ ώ μεθα	στ ῶμεν	γν ῶ μεν
	2.	ἱ στ ῆτε	ἱ στ ῆ σθε	στ ῆτε	γν ῶ τε
	3.	ἱ στ ῶσι(ν)	ἱ στ ῶ νται	στ ῶσι(ν)	γν ῶ σι(ν)

3. **명령법**

인칭	수	pres.act.	pres.mid./pass.	2aor.act.	γινώσκω 2aor.act.
2.	sg.	ἵστη	ἵστασο	στῆθι	γνῶθι
	pl.	ἵστατε	ἵστασθε	στῆτε	γνῶτε
3.	sg.	ἱστάτω	ἱστάσθω	στήτω	γνώτω
	pl.	ἱστάτωσαν	ἱστάσθωσαν	στήτωσαν	γνώτωσαν

4. **부정사**

pres.act.	pres.mid./pass.	2aor.act.	γινώσκω 2aor.act.
ἱστάναι	ἵστασθαι	στῆναι	γνῶναι

5. **분사**

성	pres.act.	pres.mid./pass.	2aor.act.	γινώσκω 2aor.act.
m.	ἱστάς	ἱστάμενος	στάς	γνούς
f.	ἱστᾶσα	ἱστάμενη	στᾶσα	γνοῦσα
n.	ἱσταν	ἱστάμενον	στάν	γνόν

연습문제 56

A. 문법

1. ἵστημι 동사의 기본형을 쓰시오.

시제	현재능동태	미래능동태	과거능동태	현재완료 능동태	현재완료 수동태	과거수동태
기본형						

2. ἵστημι의 현재 능동태 분사 남성, 여성, 중성 단수 주격을 각각 쓰시오.
3. ἵστημι의 현재와 단순과거 능동태 부정사를 각각 쓰시오.
4. ἵσθημι의 단순과거 능동태 분사 남성, 여성, 중성 단수 주격을 각각 쓰시오.
5. 아래 도표의 동사를 분해(parsing) 하시오.

변화형 동사	인칭	수	시제	태	법	현재능동태 1인칭단수	의미(뜻)
ἵστης							
ἱστάμεθα							
ἱστῆτε							
ἵστη							
ἔστησαν							
στῇ							
στῆθι							
ἔστην							

B. 아래 문장을 우리말로 옮기시오.

1. Τότε παραλαμβάνει αὐτὸν ὁ διάβολος εἰς τὴν ἁγίαν πόλιν καὶ **ἔστησεν** αὐτὸν ἐπὶ τὸ πτερύγιον τοῦ ἱεροῦ … (마 4:5)
2. ἐὰν δὲ μὴ ἀκούσῃ, παράλαβε μετὰ σοῦ ἔτι ἕνα ἢ δύο, ἵνα ἐπὶ στόματος δύο μαρτύρων ἢ τριῶν **σταθῇ** πᾶν ῥῆμα· (마 18:16)
3. καὶ **στὰς** ὁ Ἰησοῦς ἐφώνησεν αὐτοὺς καὶ εἶπεν· τί θέλετε ποιήσω ὑμῖν; (마 20:32)
4. ἔγειρε καὶ **στῆθι** εἰς τὸ μέσον· καὶ ἀναστὰς **ἔστη**. (눅 6:8)
5. Ἰδοὺ **ἕστηκα** ἐπὶ τὴν θύραν καὶ κρούω· (계 3:20)

111. 신약성경의 ἀφίημι 동사 변화

ἀφίημι(let go, permit, leave, forgive)는 전치사 ἀπό(ἀφ' 는 거친 숨표 앞에서)와 ἵημι 동사(언제나 복합동사로만 쓰임)의 합성 동사이다. ἵημι의 줄기는 ἑ- 이다.

ἑ 앞에 ἱ가 붙으면 현재 줄기이고, ἑ만 있으면 제 2 단순과거 줄기이다.

수	인칭	pres.act.ind.	impf.act.ind.	pres.subj.	pres.imper.
sg.	1.	ἀφίημι	ἠφίην	ἀφιῶ	
	2.	ἀφεῖς	ἤφιες	ἀφιῇς	ἀφίει
	3.	ἀφίησι	ἤφιε(ν)	ἀφιῇ	ἀφιέτω
pl.	1.	ἀφίεμεν	ἠφίεμεν	ἀφιῶμεν	
	2.	ἀφίετε	ἠφίετε	ἀφιῆτε	ἄφιετε
	3.	ἀφίουσι(ν)	ἠφίεσαν	ἀφιῶσι	ἀφιέτωσαν

pres.		inf.		ἀφιέναι
		ptc.		ἀφιείς, ἀφιεῖσα, ἀφιέν
	mid.	ind.	3P.sg.	ἀφίεται
			3P.pl.	ἀφίενται 또는 ἀφίουσιν
fut.	pass.	ind.	3P.sg.	ἀφεθήσεται
perf.	mid.	ind.	3P.pl.	ἀφέωνται
aor.	act.	ind.		ἀφῆκα (ἔθηκα와 같이 변화)
		subj.		ἀφῶ (λύω와 같이 변화)
		inf.		ἀφεῖναι
		ptc.		ἀφείς, ἀφεῖσα, ἀφέν
		imper.	2P.sg.	ἄφες
			2P.pl.	ἄφετε
	pass.	ind.	3P.pl.	ἀφέθησαν
		subj.	3P.sg.	ἀφεθῇ

연습문제 57

A. **문법:** 아래 도표의 동사를 분해(parsing)하시오.

변화형동사	인칭	수	시제	태	법	현재능동태 1인칭단수	의미(뜻)
ἄφεις							
ἤφιε							
ἀφιῶμεν							
ἀφίετε							
ἀφεθήσεται							
ἀφῆκα							
ἀφέωνται							

B. 아래 문장을 우리말로 옮기시오.

1. οἱ δὲ εὐθέως **ἀφέντες** τὸ πλοῖον καὶ τὸν πατέρα αὐτῶν ἠκολούθησαν αὐτῷ. (마 4:22)
2. ἐξουσίαν ἔχει ὁ υἱὸς τοῦ ἀνθρώπου ἐπὶ τῆς γῆς **ἀφιέναι** ἁμαρτίας … (마 9:6)
3. καὶ ὃς ἐὰν εἴπῃ λόγον κατὰ τοῦ υἱοῦ τοῦ ἀνθρώπου, **ἀφεθήσεται** αὐτῷ· ὃς δ᾽ ἂν εἴπῃ κατὰ τοῦ πνεύματος τοῦ ἁγίου, οὐκ **ἀφεθήσεται** αὐτῷ οὔτε ἐν τούτῳ τῷ αἰῶνι οὔτε ἐν τῷ μέλλοντι. (마 12:32)
4. καὶ οὐκ **ἤφιεν** λαλεῖν τὰ δαιμόνια, ὅτι ᾔδεισαν αὐτόν. (막 1:34)
5. Εἰρήνην **ἀφίημι** ὑμῖν, εἰρήνην τὴν ἐμὴν δίδωμι ὑμῖν· (요 14:27)
6. εἴ τις ἀδελφὸς γυναῖκα ἔχει ἄπιστον καὶ αὕτη συνευδοκεῖ οἰκεῖν μετ᾽ αὐτοῦ, μὴ **ἀφιέτω** αὐτήν· (고전 7:12)

112. 그 밖의 μι 동사의 현재 능동태 직설법

수	인칭	δείκνυμι	εἶμι		φημί	
		I show	I will go	비교	I say	
sg.	1.	δείκνυ **μι**	εἶ μι	εἰμί	φη μί	φη-
	2.	δείκνυ **ς**	**εἶ**	**εἶ**	φή ς	
	3.	δείκνυ **σι(ν)**	εἶ σι(ν)	ἐστίν	φη σί(ν)	
pl.	1.	δείκνυ **μεν**	ἴ μεν	ἐσμέν	**φα** μέν	φα-
	2.	δείκνυ **τε**	ἴ τε	ἐστέ	**φα** τέ	
	3.	δεικνύ **ασι(ν)**	ἴ ασι(ν)	εἰσίν	**φα** σί(ν)	

※ 신약성경에서 복합단어로 사용되는 단어

ἄπειμι　　가버리다
ἔξειμι　　밖으로 나가다
εἴσειμι　　안으로 들어가다

어떤 동사의 미래 디포넌트(deponent)

어떤 시상에서는 디포넌트이나 다른 시상에서는 디포넌트가 아닌 동사들이 있다.

예 βαίνω는 중간태형의 미래 βήσομαι를 갖는다.
(즉, 미래에서는 디포넌트이나 현재에서는 아니다.)

미래 디포넌트	본래 디포넌트
γινώσκω → γνώσομαι	γίνομαι → γενήσομαι
λαμβάνω → λήμψομαι	ἔρχομαι → ἐλεύσομαι

연습문제 58

A. 문법

1. δείκνυμι의 현재 능동태 직설법 변화를 해보시오.
2. φημί의 현재 능동태 직설법 변화를 해보시오.
3. ἀπόλλυμι의 현재 능동태 직설법 변화를 해보시오.
4. 아래 도표의 동사를 분해(parsing)하시오.

변화형동사	인칭	수	시제	태	법	현재능동태 1인칭단수	의미(뜻)
δείκνυσι							
φατέ							
ἀπόλλυμεν							

B. 아래 문장을 우리말로 옮기시오.

1. Πάλιν παραλαμβάνει αὐτὸν ὁ διάβολος εἰς ὄρος ὑψηλὸν λίαν καὶ **δείκνυσιν** αὐτῷ πάσας τὰς βασιλείας τοῦ κόσμου καὶ τὴν δόξαν αὐτῶν … (마 4:8)
2. εἰ δὲ μή, ῥήξει ὁ οἶνος τοὺς ἀσκοὺς καὶ ὁ οἶνος **ἀπόλλυται** καὶ οἱ ἀσκοί· ἀλλὰ οἶνον νέον εἰς ἀσκοὺς καινούς. (막 2:22)
3. καὶ προαγαγὼν αὐτοὺς ἔξω **ἔφη**· κύριοι, τί με δεῖ ποιεῖν ἵνα σωθῶ; (행 16:30)

113. οἶδα의 변화

현재완료형은 현재의 뜻을 나타내며, 과거완료형은 미완료의 뜻을 나타낸다.

A. 현재 완료형

수	인칭	직설법	가정법	명령법	부정사	분 사
sg.	1.	οἶδ α	εἰδ ῶ		εἰδέναι	εἰδώς (m.)
	2.	οἶδ ας	εἰδ ῇς	ἴσ θι		εἰδυῖα (f.)
	3.	οἶδ ε(ν)	εἰδ ῇ	ἴσ τω		εἰδός (n.)
pl.	1.	οἴδ αμεν	εἰδ ῶμεν			(Type 4)
	2.	οἴδ ατε	εἰδ ῆτε	ἴσ τε		
	3.	οἴδ ασι(ν)	εἰδ ῶσι(ν)	ἴσ τωσαν		

B. 과거 완료형

ᾔδει	+	- ν, - ς, 無, - μεν, - τε, - ν / - σαν

제 2 단순과거 줄기 + 제 1 단순과거 꼬리

신약성경에서 제 2 단순과거 줄기에 제 1 단순과거 꼬리가 붙는 경우가 많이 있다.

예 εἶπον (3P.pl.2aor.act.ind. of λέγω) 대신 εἶπαν

연습문제 59

A. 문법

1. οἶδα의 현재완료 능동태 직설법 변화를 해보시오.
2. οἶδα의 부정사를 쓰시오.
3. 아래 도표의 동사를 분해(parsing)하시오.

변화형 동사	인칭	수	시제	태	법	현재능동태 1인칭단수	의미(뜻)
οἶδασι							
εἰδῶμεν							
ἴσθι							
ᾔδει							

B. 아래 문장을 우리말로 옮기시오.

1. δὲ ἀποκριθεὶς εἶπεν· ἀμὴν λέγω ὑμῖν, οὐκ **οἶδα** ὑμᾶς. (마 25:12)
2. καὶ ἀπεκρίθησαν μὴ **εἰδέναι** πόθεν. (눅 20:7)
3. κἀγὼ οὐκ **ᾔδειν** αὐτόν, ἀλλ' ὁ πέμψας με βαπτίζειν ἐν ὕδατι ἐκεῖνός μοι εἶπεν· (요 1:33)
4. **Ἴστε**, ἀδελφοί μου ἀγαπητοί· (약 1:19)
5. ἐὰν **εἰδῆτε** ὅτι δίκαιός ἐστιν, γινώσκετε ὅτι καὶ πᾶς ὁ ποιῶν τὴν δικαιοσύνην ἐξ αὐτοῦ γεγέννηται. (요일 2:29)

114. 우회적 미래(periphrastic future)

미래의 계속적이고 반복적인 동작을 나타낼 때 미래시상 외에 우회적 미래를 사용할 수 있다.

εἰμί의 미래형 (ἔσομαι, ἔσῃ, ἔσται, ἐσόμεθα, ἔσεσθε, ἔσονται)	+	현재 분사 (ων, ουσα, ον)

연습문제 60

※ 아래 문장을 우리말로 옮기시오.

1. καὶ **ἔσεσθε** μισούμενοι ὑπὸ πάντων διὰ τὸ ὄνομά μου· (마 10:22)
2. καὶ οἱ ἀστέρες **ἔσονται** ἐκ τοῦ οὐρανοῦ πίπτοντες, (막 13:25)
3. καὶ ἰδοὺ **ἔσῃ** σιωπῶν καὶ μὴ δυνάμενος λαλῆσαι ἄχρι ἧς ἡμέρας γένηται ταῦτα, (눅 1:20)

115. 단순과거 분사의 특별 용법

단순과거 분사이면서 주동사의 동작과 같은 시간을 나타낼 때가 있다.

예 1 **ἀποκριθεὶς** εἶπεν ὁ Ἰησοῦς.

→ Jesus said by way of answer. 또는 Jesus answered and said.
(예수께서 대답하여 말씀하셨다.)

예 2 ὁ δὲ **ἀποκριθεὶς** εἶπεν.

→ And he answered and said. (그리고 그는 대답하여 말하였다.)

물론 ὁ ἀποκριθείς는 and the having-answered one (said) 또는 and the one who had answered (said)로 번역할 수 있다.

그러나 복음서의 여러 곳에서 위의 용법으로 사용된다. 이때 관사는 인칭대명사처럼 사용되며, ἀποκριθείς는 ὁ에 단지 느슨하게 결합되어 있다.

연습문제 61

※ 아래 문장을 우리말로 옮기시오.

1. **ἀποκριθεὶς** δὲ ὁ Ἰησοῦς εἶπεν πρὸς αὐτόν· (마 3:15)
2. καὶ **ἀποκριθεὶς** ὁ ἑκατόνταρχος ἔφη· κύριε, οὐκ εἰμὶ ἱκανὸς ἵνα μου ὑπὸ τὴν στέγην εἰσέλθῃς, ἀλλὰ μόνον εἰπὲ λόγῳ, καὶ ἰαθήσεται ὁ παῖς μου. (마 8:8)
3. καὶ **ἀποκριθεὶς** ὁ βασιλεὺς ἐρεῖ αὐτοῖς· ἀμὴν λέγω ὑμῖν, ἐφ' ὅσον ἐποιήσατε ἑνὶ τούτων τῶν ἀδελφῶν μου τῶν ἐλαχίστων, ἐμοὶ ἐποιήσατε. (마 25:40)

116. 희구법

희구(希求)법은 소원(wish)을 표현한다. 신약성경에서는 67 회 사용되며, 주로 누가의 글에 많이 나타난다.

A. 변화

시상	수	인칭	능 동	중 간	수 동
현재	sg.	1.	λύ **οι** μι	λυ **οί** μην	중간태와 동일
		2.	λύ οι ς	λύ οι ο	
		3.	λύ οι	λύ οι το	
	pl.	1.	λύ οι μεν	λυ οί μεθα	
		2.	λύ οι τε	λύ οι σθε	
		3.	λύ οι εν	λύ οι ντο	
제1단순과거	sg.	1.	λύσ **αι** μι	λυσ **αί** μην	λυθ **εί** ην
		2.	λύσ αι ς	λύσ αι ο	λυθ εί ης
		3.	λύσ αι	λύσ αι το	λυθ εί η
	pl.	1.	λύσ αι μεν	λυσ αί μεθα	λυθ εί ημεν
		2.	λύσ αι τε	λύσ αι σθε	λυθ εί ητε
		3.	λύσ αι εν	λύσ αι ντο	λυθ εί ησαν
제2단순과거	sg.	1.	βάλ **οι** μι	βαλ **οί** μην	γραφ **εί** ην
		2.	βάλ οι ς	βάλ οι ο	γραφ εί ης
		3.	βάλ οι	βάλ οι το	γραφ εί η
	pl.	1.	βάλ οι μεν	βαλ οί μεθα	γραφ εί μεν
		2.	βάλ οι τε	βάλ οι σθε	γραφ εί ητε
		3.	βάλ οι εν	βάλ οι ντο	γραφ εί ησαν

B. 특 징

1. 희구법의 어미는 -ι- 이다(οι, αι, ειㄱ가 나타남).
2. 신약성경에서는 현재와 단순과거만 나타난다.
3. 단순과거에서 접두모음 ἐ가 붙지 않는다.
4. 희구법의 부정어는 μή 이다.

C. 신약성경에 나타나는 희구법

γένοιτο	: 3P.sg.2aor.opt. of	γίνομαι,	μή 와 함께 사용 (may it not take place, God forbid)
θέλοι	: 3P.sg.pres.act.opt. of	θέλω	
ἔχοι	: 3P.sg.pres.act.opt. of	ἔχω	
ἔχοιεν	: 3P.pl.pres.act.opt. of	ἔχω	
εὐξαίμην	: 1P.sg.aor.mid.opt. of	εὔχομαι	(pray)
λάβοι	: 3P.sg.2aor.act.opt. of	λαμβάνω	
εἴη	: 3P.sg.pres.opt. of	εἰμί	

※ εἰμί의 희구법

sg.	εἴην	εἴης	εἴη
pl.	εἴημεν	εἴητε	εἴησαν

D. 희구법의 용법

1. 소원(wish)

예 1 **γένοιτό** μοι κατὰ τὸ ῥῆμά σου.

→ 당신의 말대로 나에게 이루어지기를 바랍니다. (눅 1:38)

예 2 χάρις ὑμῖν καὶ εἰρήνη **πληθυνθείη.**

→ 은혜와 평강이 너희에게 넘치기를 바라노라. (벧전 1:2)

2. **ἄν + opt.** 가정법보다 희박한 가능성을 나타낸다.

예 τί **ἂν θέλοι** ὁ σπερμολόγος οὗτος λέγειν;

→ 이 말장이가 도대체 무엇을 말하고자 하는가? (행 17:18)

3. 협의적 희구법 : 간접의문문으로 마음에 의심할 때 사용된다.

예 1 τίς **εἴη** ἐξ αὐτῶν ὁ τοῦτο μέλλων πράσσειν;

→ 이것을 하려고 한 자가 그들 가운데 누가 있을까?

예 2 μὴ **γένοιτο.** 그럴수 없느니라(certainly not). (롬 6:2)

연습문제 62

※ 아래 문장을 우리말로 옮기시오.

1. ἡ δὲ ἐπὶ τῷ λόγῳ διεταράχθη καὶ διελογίζετο ποταπὸς **εἴη** ὁ ἀσπασμὸς οὗτος. (눅 1:29)
2. αὐτοὶ δὲ ἐπλήσθησαν ἀνοίας καὶ διελάλουν πρὸς ἀλλήλους τί ἂν **ποιήσαιεν** τῷ Ἰησοῦ. (눅 6:11)
3. ἐλεύσεται καὶ ἀπολέσει τοὺς γεωργοὺς τούτους καὶ δώσει τὸν ἀμπελῶνα ἄλλοις. ἀκούσαντες δὲ εἶπαν· μὴ **γένοιτο.** (눅 20:16)
4. δὲ εἶπεν· πῶς γὰρ ἂν **δυναίμην** ἐὰν μή τις ὁδηγήσει με; (행 8:31)
5. οἵτινες ἐδέξαντο τὸν λόγον μετὰ πάσης προθυμίας καθ' ἡμέραν ἀνακρίνοντες τὰς γραφὰς εἰ **ἔχοι** ταῦτα οὕτως. (행 17:11)
6. τί ἂν **θέλοι** ὁ σπερμολόγος οὗτος λέγειν; (행 17:18)

117. γίνομαι의 용법

A. 변화

수	인칭	현재	제 2 단순과거
sg.	1.	**γίνομαι**	**ἐγενόμην**
	2.	γίνῃ	ἐγένου
	3.	γίνεται	ἐγένετο
pl.	1.	γινόμεθα	ἐγενόμεθα
	2.	γίνεσθε	ἐγένεσθε
	3.	γίνονται	ἐγένοντο

B. 용법

1. **γίνομαι는 대개 영어 단어 'become'으로 번역될 수 있다.** 그러나 신약성경에서는 아주 빈번하게 그렇게 번역할 수 없다. 영어 단어 'become'은 주격 술어(predicate nominativ)를 갖지만 γίνομαι의 경우 흔히 주격 술어 없이 사용된다. 그 경우에 이 단어는 '일어나다(happen)', '존재하다(come into being)', '나타나다(appear)', '만들어지다(be made)'의 뜻을 갖는다. 때때로 'come' 또는 'be'로 번역되기도 한다.

예 1 ἐν ἐκείναις ταῖς ἡμέραις **ἐγένετο** ἱερεύς τις.

→ In those days there was (**appeared in history**) a certain priest.

예 2 πάντα δι' αὐτοῦ **ἐγένετο.** (3P.sg.2aor.mid.ind.)

→ All things **came into being** (= **were made**) through him.

예 3 εἶδεν τὰ **γενόμενα.** (n.pl.4.2aor,ptc.)

→ He saw the things that had **happened.**

예 4 φωνὴ **ἐγένετο** ἐκ τῶν οὐρανῶν.

→ A voice **came** out of the heavens. 이 경우 γίνομαι는 동작(motion) 동사이다.

2. καὶ ἐγένετο와 ἐγένετο δέ의 용법

'그리고 일어났다(and it came to pass)'의 뜻이며, 용법은 세 가지로 나눌 수 있다(일어나다, 실현되다).

[용법 1] καὶ **ἐγένετο** αὐτὸν ἐλθεῖν.

→ and it came to pass that he came.

여기서 4격 αὐτόν과 부정사 ἐλθεῖν 은 ἐγένετο에 의존되어 있다. 보통의 헬라어 용법과 비슷하다.

[용법 2] καὶ **ἐγένετο** καὶ ἦλθεν.

→ and it came to pass and he came.

문자적인 영역은 불가능하다. 헬라어에서도 통상적인 용법이 아니다. 이런 용법은 히브리어의 관용 숙어에서 유래된 것이다.

[용법 3] καὶ **ἐγένετο** ἦλθεν.

→ and it came to pass he came.: 이것 역시 통상적인 헬라어 용법이 아니다.

그러나 [용법 1,2,3] 모두 같은 뜻('and it came to pass that he came')을 나타낸다.

연습문제 63

※ 아래 문장을 우리말로 옮기시오.

1. καὶ ἰδοὺ σεισμὸς **ἐγένετο** μέγας· (마 28:2)
2. Καὶ **ἐγένετο** ἐν ἐκείναις ταῖς ἡμέραις ἦλθεν Ἰησοῦς ἀπὸ Ναζαρὲτ τῆς Γαλιλαίας … (막 1:9)
3. καὶ φωνὴ **ἐγένετο** ἐκ τῶν οὐρανῶν· (막 1:11)
4. τὸ σάββατον διὰ τὸν ἄνθρωπον **ἐγένετο** καὶ οὐχ ὁ ἄνθρωπος διὰ τὸ σάββατον· (막 2:27)
5. καὶ τὰ ἱμάτια αὐτοῦ **ἐγένετο** στίλβοντα λευκὰ λίαν, (막 9:3)
6. **Ἐγένετο** δὲ ἐν τῷ εἶναι αὐτοὺς ἐκεῖ ἐπλήσθησαν αἱ ἡμέραι τοῦ τεκεῖν αὐτήν, (눅 2:6)
7. **Ἐγένετο** δὲ ἐν τῷ τὸν ὄχλον ἐπικεῖσθαι αὐτῷ … (눅 5:1)

참 고 문 헌

A. 신약 원전

Novum Testamentum Graece post Eberhard Nestle et Erwin Nestle communiter ediderunt Kurt Aland, Matthew Black, Carlo M. Martini, Bruce M. Metzger, Allen Wikgren apparatum criticum recensuerunt et editionem novis curis elaboraverunt Kurt Aland et Barbara Aland una cum Institutio Studiorum textus Novi Testamenti Monasteriensi (Westphalia). Stuttgart: Deutsche Bibelgesellschaft, (^{26}1976) ^{27}1993 .

The Greek New Testament. Ed. by K. Aland, M. Black, B. M. Metzger, A. Wikgren. Stuttgart: United Bible Societies, (1966, ^{3}1975) ^{4}1993.

B. 사본 연구

Metzger, Bruce M. *A Textual Commentary of the Greek New Testament. A Companion Volume to the United Bible Societies' Greek New Testament.* London ^{3}1984.

________. *The Text of the New Testament.* Oxford: Oxford University Press, ^{2}1968, ^{3}1991(*Der Text des Neuen Testaments.* Stuttgart: Kohlhammer, 1966; 강유중 역. 『사본학』. 서울: 기독교문서선교회, 1979).

Aland, K - Aland, B. *Der Text des Neuen Testaments. Einführung in die wissenschaftlichen Ausgaben sowie in Theorie und Praxis der modernen Textkritik.* Stuttgart(1982) ^{2}1989(= Translated by Erroll F. Rhodes. *The Text of the New Testament.* Grand Rapids: Eerdmans, 1987).

C. 사전, 성구사전, 성서백과사전, 문법서

Bauer, Walter. *Griechisch-Deutsches Wörterbuch zu den Schriften des Neuen Testaments und der übrigen urchristlichen Literatur.* Berlin (^{2}1929) ^{5}1958 = 1975 .

Bauer-Aland. *Griechisch-Deutsches Wörterbuch zu den Schrifteen des Neuen Testaments und der frühchristlichen Literatur von Walter Bauer.* 6. völling neu bearbeitete Auflage im Institut für neutestamentliche Textforschung/Münster unter besonderer Mitwirkung von Viktor Reichmann, herausgegeben von Kurt Aland und Barbara Aland, Berlin 1988.

Moulton, W. F. - Geden, A. S. *A Concordance to the Greek Testament.* According to the Texts of Westcott and Hort, Tischendorf and the English Revisors, Edinburgh(1897) [5]1978.

Aland, Kurt(Ed.). *Vollständige Konkordanz zum griechischen Neuen Testament.* Berlin-New York, Bd. Ⅰ, 1983; Bd. Ⅱ, 1978.

Theologisches Wörterbuch zum Neuen Testament. Bde. Ⅰ-X/2. begründet v. G. Kittel hrg. v. G. Friedrich. Stuttgart 1933-1979.

Theologisches Begriffslexikon zum Neuen Testament. hrg. v. Coenen, E. Beyreuther, H. Bietenhard, 3 Bde. Wuppertal 1967-1971, [3]1983.

Exegetisches Wörterbuch zum Neuen Testament. hrg. v. H. R. Balz und G. Schneider. Stuttgart, Bd. Ⅰ, 1980; Bd. Ⅱ, 1981; Bd. Ⅲ, 1983.

Biblisch-Historisches Handwörterbuch. Hg. v. B. Reicke u. L. Rost. 4 Bde. Göttingen 1962-1979.

Blass, F. - Debrunner, A. - Rehkopf, F. *Grammatik des neutestamentlichen Griechisch* (1896). seit der 4. Aufl. (1913) bearb. v. A. Debrunner, Göttingen [12]1965, 14. Aufl. bearb. v. F. Rehkopf, Göttingen (1976; [15]1979), [16]1984, [17]1990.

Bornemann, E. - Risch, E. *Griechische Grammatik*, Frankfurt am Main: Diesterweg, [2]1978.

Handkonkordanz zum Griechischen Neuen Testament. Hg. v. Alfred Schmoller. Stuttgart: Deutsche Bibelgesellschaft, (1938) [8]1989.

Rehkopf, Friedrich. *Septuaginta-Vokabular.* Göttingen: V. & R., 1989.

________. *Griechisch-Deutsches Wörterbuch zum Neuen Testament.* Göttingen 1992.

Rogers Jr, Cleon L. & Rogers III, Cleon L. *The New Linguistic and Exegetical Key to the Greek New Testament.* Grand Rapids: Zondervan, 1998.

Sprachlicher Schlüssel zum Griechischen Neuen Testament. Bearbeitet von Fritz Rienecker. Giessen: Brunnen Verlag, (1950) [18]1987.

D. 영서 사전

A Greek-English Lexicon of the New Testament and Other Early Christian Literature. A Translation and adaption of the fourth revised and augmented edition of Walter Bauer's Griechisch-Deutsches Wörterbuch zu den Schriften des Neuen Testaments und der übrigen urchristlichen Literatur. By William F. Arndt and F. Wilbur Gingrich, Chicago: The University of Chicago Press, (1958) ^{2}1979.

A Parsing Guide to the Greek New Testament. Compiled by Nathan E. Han. With an Introduction by Merrill C. Tenny. Scottdale: Herald Press, 1971.

The Analytical Greek Lexicon Revised. Edited by Harold K. Moulton. Grand Rapids: Zondervan, 1978.

Gingrich, F. W. *Shorter Lexicon of the Greek New Testament.* Chicago: Chicago Press, 1983.

Greek-English Concordance to the New Testament. By J. B. Smith. Scottdale: Herald Press, 1955.

Metzger, Bruce M. *Lexical Aids for Students of New Testament Greek.* Enlarged Edition (1955) ^{2}1965.

Morrison, Clinton and Barnes, David H. *New Testament Word Lists. For Rapid Reading of the Greek Testament.* Grand Rapid: Eerdman, 1981.

Robinson, Thomas A. *Mastering Greek Vocabulary*. Peabody: Hendrickson, 1990.

Theological Dictionary of the New Testsment. Edited by Gerhard Kittel. Translated and edited by Geoffrey W. Bromiley. Vol. Ⅰ-Ⅹ. Grand Rapids: Eerdman, (1964-1976) 1981-1983.

Trench, Richard Chenevix. *Synonyms of the New Testament.* Grand Rapids: Eerdman, (1953) ^{2}1980.

E. 영서 문법서

Abbort-Smith, G. *A Manual Greek Lexicon of the New Testament.* T. & T. Clark: Edinburgh, 1994.

Blass, F. & Debrunner, A. *Grammatik des Neutestamentlichen Griechisch,* Göttingen, 1896. Seventh edition revised by F. Rehkopf, 1990(*A Greek Grammar of the New Testament and Other Early Christian Literature.* Tr. by R. W. Funk. Chicago: University of Chicago Press, 1961).

Chamberlain, William D. *An Exegetical Grammer of the Greek New Testament.* Grand Rapids: Baker, 1941.

Conybeare, F. C. & Stock, George. *A Grammar of Septuagint Greek.* Grand Rapids: Zondervan, (1905) 1980.

Greenlee, J. Harold. *A Concise Exegetical Grammer of New Testament Greek.* Grand Rapids: Eerdman, (1953) [4]1979.

Louw, J. P. *Semantics of New Testament Greek.* Atlanta: Scholars Press, 1982.

Machen, J. Gresham. *New Testament Greek for Beginners.* Toronto: The Macmillan Company, (1923) 1951.

Moule, C. F. D. *An Idiom Book of New Testament Greek.* London: Cambridge University Press, (1953) [2]1959.

Moule, James Hope. *A Grammer of New Testament Greek.* Vol. 3: Syntax by Nigel Turner. Edinburgh: T. & T. Clark, 1962.

Smyth, Herbert W. *Greek Grammar.* Revised by G. M. Messing. the President and Fellows of Harvard College, 1956.

Summers, Ray. *An Essentials of New Testament Greek.* Nashville: Broadman, 1950.

Wenham, J. W. *The Elements of New Testament Greek.* Cambridge: Cambridge University Press, 1965.

Freeman, D. N.(Ed.) *The Anchor Bible Dictionary.* 6 vols. New York/London: Doubleday, 1992.

Green, J. B. & McKnight, S.(Eds.) *Dictionary of Jesus and the Gospels.* Downers Grove / Leicester: Inter Varsity, 1992.

Hawthorne, G. F. & Martin, R. P.(Eds.) *Dictionary of Paul and his Letter.* Downers Gorve / Leicester: Inter Varsity, 1993.

F. 편역서

박창건 · 박익수. 『신약성서 헬라어 문법』. 서울: 대한기독교서회, 1995.

박창환 역편. 『신약성서 헬라어 교본』. 서울: 대한기독교서회, (1962) [19]1982.

박창환 편. 『성서 헬라어 사전』. 서울: 대한기독교서회, (1965) [23]1995.

이종윤 편역. 『신약성경 헬라어 강독』. 서울: 정음출판사, 1983.

정창하 편저. 『최신성서 헬라어』. 서울: 보이스사, 1982.

Barclay, William. *New Testament Words.* 전승호 · 고영민 공역. 『신약성서 헬라어 정해』. 서울: 기독교문사, (1974) [2]1985.

Brooks, J. A & Winbery, C. L. 하문호 역. 『헬라어 구문론』. 서울: 성광문화사, 1993.

Metzger, Bruce M. *Lexical Aids for Students of New Testament Greek.* Theodore Hard, 『신약원어 참고서』. 서울: 한국개혁주의 신행협회, (1968) [4]1978.

Kittel, Gerhard & Friedrich, Gerhard(Ed.). *Theological Dictionary of the New Testament.* Translated by Geoffrey W. Bromiley. 『신약성서 신학사전』. 킷텔 단권 신약원서 신학사전. 서울: 요단출판사 번역위원회, 1986.

Trenchard, Warren C. *The Student's Vocabulary Guide to the Greek New Testament.* Grand Rapids: Zondervan, 1992. 장동수 역. 『신약성서 헬라어 어휘 사전』. 서울: 은성 출판사, 1999.

Sprachlicher Schluessel zum Griechischen Neuen Testament. Revised by Fritz Rienecker. Giessen: Brunnen, (1950) [18]1987. 경한수 편. 『헬라어 신약성서 – 언어분석의 열쇠』. 서울: 예본 출판사, 1993.

Swetnam, James S. J. *An Introduction to the Study of New Testament Greek.* Roma, 1987. 박찬용 편역. 『성서 희랍어 입문』. 서울: 가톨릭 출판사, 1989.

주기도문 강독자료

< 마태복음 6 장 9-13 절 >

Πάτερ ἡμῶν ὁ ἐν τοῖς οὐρανοῖς·
ἁγιασθήτω τὸ ὄνομά σου·
10 ἐλθέτω ἡ βασιλεία σου·
γενηθήτω τὸ θέλημά σου,
ὡς ἐν οὐρανῷ καὶ ἐπὶ γῆς·
11 τὸν ἄρτον ἡμῶν τὸν ἐπιούσιον δὸς ἡμῖν σήμερον·
12 καὶ ἄφες ἡμῖν τὰ ὀφειλήματα ἡμῶν,
ὡς καὶ ἡμεῖς ἀφήκαμεν τοῖς ὀφειλέταις ἡμῶν·
13 καὶ μὴ εἰσενέγκῃς ἡμᾶς εἰς πειρασμόν,
ἀλλὰ ῥῦσαι ἡμᾶς ἀπὸ τοῦ πονηροῦ.

본문동사	인칭	수	시제	태	법	기 본 형
ἁγιασθήτω	3	sg.	aor.	pass.	impr.	ἁγιάζω
ἐλθέτω	3	sg.	aor.	act.	impr.	ἔρχομαι
γενηθήτω	3	sg.	aor.	pass.	impr.	γίνομαι
δός	2	sg.	aor.	act.	impr.	δίδωμι
ἄφες	2	sg.	aor.	act.	impr.	ἀφίημι
ἀφήκαμεν	1	pl.	aor.	act.	ind.	ἀφίημι
ῥῦσαι	2	sg.	aor.	mid.	imp.	ῥύομαι
εἰσενέγκῃς	2	sg.	aor.	act.	subj.	εἰσφέρω

πατήρ, πατρός, ὁ, father
οὐρανός, οῦ, ὁ, heaven
βασιλεία, ας, ἡ, kingdom
θέλημα, ατος, τό, will
γῆ, γῆς, ἡ, earth
ἄρτος, ου, ὁ, bread

ὀφείλημα, ατος, τό, debt
πειρασμός, οῦ, ὁ, test, trial
ἐπιούσιος, ον, for our need
πονηρός, ά, όν, wicked, evil
σήμερον, adv. today

기출 시험 문제 A

A. 다음 문장을 우리말로 옮기시오.

1. ἀδελφοὶ καὶ δοῦλοι γινώσκουσιν καὶ βλέπουσιν ἱερὰ καὶ δῶρα.

2. νόμον καὶ παραβολὴν γράφει ἄνθρωπος ἐκκλησίᾳ.

3. ἡ ἀλήθεια πιστὴ καὶ ἡ ὥρα κακή.

4. ὁ προφήτης πέμπει τοὺς μαθητὰς τοῦ κυρίου ἐκ τῶν οἴκων εἰς τὴν ἐκκλησίαν.

5. μετὰ τὰς ἡμέρας τὰς κακὰς βλέπομεν τὴν βασιλείαν τοῦ κυρίον ἡμῶν.

6. οὗτος διδάσκει τοὺς ἀγαθοὺς καὶ αὐτός ἐστιν ἀγαθός.

7. οὐ πορεύῃ ἐν τῇ ὁδῷ τῇ κακῇ, ἀλλὰ σῴζῃ ἀπὸ τῶν ἁμαρτιῶν σου.

8. ἀπέστελλον οἱ ἄνθρωποι τοὺς δούλους αὐτῶν πρός με.

9. ὑπὲρ τῆς ἐκκλησίας αὐτοῦ ἀπέθνῃσκεν ὁ κύριος.

10. κηρύξουσιν καὶ αὐτοὶ τὸ εὐαγγέλιον ἐν τούτῳ τῷ κόσμῳ τῷ κακῷ.

11. ἐν ἐκείνῃ τῇ ὥρᾳ ἐξελεύσονται ἐκ τοῦ κόσμου.

12. ἐ͂ιδον οἱ ἄνθρωποι τὸν υἱὸν τοῦ θεοῦ.

____

13. ἐν τῷ μικρῷ οἴκῳ ἀκουσθήσεται ἡ φωνὴ τοῦ ἀποστόλου.

____

B. 위의 동사들을 분해하여 다음 빈 칸을 채우시오(위 예문 중 겹밑줄 단어).

문항	동　　사	인칭	수	시제	태	법	1인칭 단수 현재 능동태 직설법
14	γινώσκουσιν (1)						
15	γράφει (2)						
16	βλέπομεν (5)						
17	πορεύῃ (7)						
18	ἀπέστελλον (8)						
19	ἀπέθνησκεν (9)						
20	κηρύξουσιν (10)						
21	ἐξελεύσονται (11)						
22	εἶδον (12)						
23	ἀκουσθήσεται (13)						

C. 위 예문의 밑줄친 부분에 대하여 답하라.

24. ἀδελφοί 의 단수 3격은? (1) ______________

25. ἀλήθεια 의 복수 4격은? (3) ______________

26. προφήτης 의 단수 2격은? (4) ______________

27. μετὰ 가 2격 지배일 때의 뜻은? (5) ______________

28. ἡμῶν 의 3격형은? (5) ______________

29. οὗτος 의 여성 단수 4격은? (6) ______________

30. τῇ ὁδῷ 의 복수 4격은? (7) ______________

31. αὐτῶν 의 중성 단수 2격은? (8) ______________

32. εὐαγγέλιον 의 복수 1격은? (10) ______________

33. ἐκείνη 의 중성 복수 3격은? (11) ______________

34. τῷ μικρῷ οἴκῳ 의 단수 1격은? ______________

35. λύω 동사의 1인칭 단수 단순과거 수동태 직설법은? ______________

기출 시험 문제 B

A. 다음 문장을 우리말로 옮기시오.

1. μετὰ δὲ ἐκείνην τὴν νύκτα ἦλθεν οὗτος ἐν τῷ πνεύματι εἰς τὴν ἔρημον.

2. οὗτός ἐστιν ὁ ἄρχων ὁ δεχόμενός με εἰς τὸν οἶκον αὐτοῦ.

3. ἰδόντες τοὺς ἔτι ὄντας ἐν τῷ ἱερῷ ἐκήρυξαν αὐτοῖς τὴν βασιλείαν τοῦ θεοῦ.

4. διωχθέντας ἡμᾶς ὑπό τῶν στρατιωτῶν ἐδεξαντο οἱ ὄντες ἐν τῇ οἰκίᾳ.

5. προσέλθωμεν τῷ ἰδόντι τὸν κύριον, ἵνα διδάξῃ ἡμᾶς περὶ αὐτοῦ.

6. ἤρξατο δὲ ὁ Ἰησοῦς λέγειν τοῖς Ἰουδαίοις ὅτι δεῖ ἀπελθεῖν.

7. οἱ ἀγαπώμενοι ὑπὸ τοῦ Ἰησοῦ ἀγαπῶσι τὸν ἀγαπῶντα αὐτούς.

8. ἐὰν ἀγαπᾶτε ἀλλήλους, ἔσεσθε μαθηταὶ τοῦ ἀποθανόντος ὑπὲρ ὑμῶν.

9. τοῦτο ἐποίησεν ἵνα σώσῃ πάντας τοὺς πιστεύοντας εἰς αὐτόν.

10. ἃ ἐὰν ποιήσωμεν ὑμῖν, ποιήσετε καὶ ὑμεῖς ἡμῖν.

11. λαβὼν αὐτὸν ἄγε πρὸς ἡμᾶς.

12. τὰ ῥήματα ἃ ἐγὼ λελάληκα ὑμῖν πνεῦμά ἐστιν καὶ ζωή ἐστιν.

B. 위의 예문 중 밑줄 친 동사를 분해하여 다음 빈 칸을 채우시오.

문항	동 사	성	수	격	인칭	시제	태	법	1인칭 단수 현재 능동태 직설법
13	ἦλθεν								
14	δεχόμενος								
15	ἰδόντες								
16	διωχθέντας								
17	προσέλθωμεν								
18	ἀπελθεῖν								
19	ἀγαπῶσι								
20	ἀγαπᾶτε								
21	σώσῃ								
22	ποιήσετε								
23	λελάληκα								

* 분사의 경우 : 성, 수, 격, 시제, 태, 분사(법 란에)
* 동사의 경우 : 수, 인칭, 시제, 태, 법
* 부정사의 경우 : 시제, 태, 부정사(법 란에)
* 명령법의 경우 : 인칭, 수, 시제, 태, 명령법(법 란에)

C. 다음 물음에 답하시오.

24. σάρξ 의 단수 2(속)격은? ____________
25. εἰμί 의 3인칭 단수 미래 직설법은? ____________
26. εἰμί 의 여성 단수 3(여)격 현재분사는? ____________
27. λύω 의 3인칭 복수 단순과거 능동태 가정법은? ____________
28. λύω 의 단순과거 수동태 부정사는? ____________
29. βάλλω 의 1인칭 단수 미래 능동태 직설법은? ____________
30. μέγας 의 남성 복수 4(대)격은? ____________
31. 의문대명사 τίς의 여성 복수 3(여)격은? ____________
32. 중성 단수 1(주)격의 관계대명사는? ____________
33. λύω 의 단순과거 능동태 명령법은? ____________
34. ἐλπίζω 의 1인칭 단수 현재완료 능동태 직설법은? ____________
35. δίδωμι 의 2인칭 복수 현재 능동태 직설법은? ____________

격 변화

수	격	명사 제 1, 2 변화						명사 제 3 변화													제 1, 2 변화 형용사			
		2 변화	제 1 변화(f.)			2 변화	1 변화	기본꼴	μα,ματος	ος,ους	ις,εως	εύς,εώς	πατήρ	μήτηρ	θυγάτηρ	ἀνήρ	ἀληθής	ἀληθές	μείζων		m.	f.		n.
		(m.)	α변화		η변화	(n.)	m.,5 격		τό	τό	ἡ	ὁ	ὁ	ἡ	ἡ	ὁ	m.f.	n.	m.f.	n.		α	η	
sg.	1	ος	α	δόξα	η	ον	ης, ˆα	다양	μα	ος	ις	εύς	πατήρ	μήτηρ	θυγάτηρ	ἀνήρ	ἀληθής	ἀληθές	μείζων	μεῖζον	ος	α	η	ον
	4	ον	αν	δόξαν	ην	ον	ην	α / ν	μα	ος	ιν	έα	πατέρα	μητέρα	θυγατέρα	ἄνδρα	ἀληθῆ	ἀληθές	μείζονα	μεῖζον	ον	αν	ην	ον
	2	ου	ας	δόξης	ης	ου	ου	ος	ματος	ους	εως	έως	πατρός	μητρός	θυγατρός	ἀνδρός	ἀληθοῦς	ἀληθοῦς	μείζονος	μείζονος	ου	ας	ης	ου
	3	ῳ	ᾳ	δόξῃ	ῃ	ῳ	ῃ	ι	ματι	ει	ει	εῖ	πατρί	μητρί	θυγατρί	ἀνδρί	ἀληθεῖ	ἀληθεῖ	μείζονι	μείζονι	ῳ	ᾳ	ῃ	ῳ
pl.	1	οι	αι			α	ˋαι, ˆαι	ες	ματα	η	εις	εῖς / ῆς	πατέρες	μητέρες	θυγατέρες	ἄνδρες	ἀληθεῖς	ἀληθῆ	μείζονες	μείζονα	οι	αι		α
	4	ους	ας			α	ας	ας / νς	ματα	η	εις	έας	πατέρας	μητέρας	θυγατέρας	ἄνδρας	ἀληθεῖς	ἀληθῆ	μείζονας	μείζονα	ους	ας		α
	2	ων	ῶν			ων	ῶν	ων	ματων	ῶν	εων	έων	πατέρων	μητέρων	θυγατέρων	ἀνδρῶν	ἀληθῶν	ἀληθῶν	μειζόνων	μειζόνων	ων	ων		ων
	3	οις	αις			οις	αις	σι(ν)	μασι(ν)	εσι(ν)	εσι(ν)	εῦσι(ν)	πατράσι(ν)	μητράσι(ν)	θυγατράσι(ν)	ἀνδράσι(ν)	ἀληθέσι(ν)	ἀληθέσι(ν)	μείζοσι(ν)	μείζοσι(ν)	οις	αις		οις

수	격	관사			인칭대명사					지시대명사						관계대명사			재귀대명사						
		m.	f.	n.	1.P.	2.P.	3.P.			this			that			m.	f.	n.	1.P.		2.P.		3.P.		
							m.	f.	n.	m.	f.	n.	m.	f.	n.				m.	f.	m.	f.	m.	f.	n.
sg.	1	ὁ	ἡ	τό	ἐγώ	σύ	αὐτός	αὐτή	αὐτό	οὗτος	αὕτη	τοῦτο	ἐκεῖνος	ἐκείνη	ἐκεῖνο	ὅς	ἥ	ὅ							
	4	τόν	τήν	τό	(ἐ)μέ	σέ	αὐτόν	αὐτήν	αὐτό	τοῦτον	ταύτην	τοῦτο	ἐκεῖνον	ἐκείνην	ἐκεῖνο	ὅν	ἥν	ὅ	ἐμαυτόν	ἐμαυτήν	σεαυτόν	σεαυτήν	ἑαυτόν	ἑαυτήν	ἑαυτό
	2	τοῦ	τῆς	τοῦ	(ἐ)μοῦ	σοῦ	αὐτοῦ	αὐτῆς	αὐτοῦ	τούτου	ταύτης	τούτου	ἐκείνου	ἐκείνης	ἐκείνου	οὗ	ἧς	οὗ	ἐμαυτοῦ	ἐμαυτῆς	σεαυτοῦ	σεαυτῆς	ἑαυτοῦ	ἑαυτῆς	ἑαυτοῦ
	3	τῷ	τῇ	τῷ	(ἐ)μοί	σοί	αὐτῷ	αὐτῇ	αὐτῷ	τούτῳ	ταύτῃ	τούτῳ	ἐκείνῳ	ἐκείνῃ	ἐκείνῳ	ᾧ	ᾗ	ᾧ	ἐμαυτῷ	ἐμαυτῇ	σεαυτῷ	σεαυτῇ	ἑαυτῷ	ἑαυτῇ	ἑαυτῷ
pl.	1	οἱ	αἱ	τά	ἡμεῖς	ὑμεῖς	αὐτοί	αὐταί	αὐτά	οὗτοι	αὗται	ταῦτα	ἐκεῖνοι	ἐκεῖναι	ἐκεῖνα	οἵ	αἵ	ἅ							
	4	τούς	τάς	τά	ἡμᾶς	ὑμᾶς	αὐτούς	αὐτάς	αὐτά	τούτους	ταύτας	ταῦτα	ἐκείνους	ἐκείνας	ἐκεῖνα	οὕς	ἅς	ἅ					ἑαυτούς	ἑαυτάς	ἑαυτά
	2	τῶν	τῶν	τῶν	ἡμῶν	ὑμῶν	αὐτῶν	αὐτῶν	αὐτῶν	τούτων	τούτων	τούτων	ἐκείνων	ἐκείνων	ἐκείνων	ὧν	ὧν	ὧν					ἑαυτῶν	ἑαυτῶν	ἑαυτῶν
	3	τοῖς	ταῖς	τοῖς	ἡμῖν	ὑμῖν	αὐτοῖς	αὐταῖς	αὐτοῖς	τούτοις	ταύταις	τούτοις	ἐκείνοις	ἐκείναις	ἐκείνοις	οἷς	αἷς	οἷς					ἑαυτοῖς	ἑαυταῖς	ἑαυτοῖς

수	격	의문대명사		부정대명사					수와 양						수사								상호대명사		
		Who? What? …		someone…		all, every			many, much			large, great			εἷς			δύο	τρεῖς		τέσσαρες		m.	f.	n.
		m.f.	n.	m.f.	n.	m.	f.	n.	m.	f.	n.	m.	f.	n.	m.	f.	n.	m.f.n.	m.f.	n.	m.f.	n.			
sg.	1	τίς	τί	τις	τι	πᾶς	πᾶσα	πᾶν	πολύς	πολλή	πολύ	μέγας	μεγάλη	μέγα	εἷς	μία	ἕν								
	4	τίνα	τί	τινά	τι	πάντα	πᾶσαν	πᾶν	πολύν	πολλήν	πολύ	μέγαν	μεγάλην	μέγα	ἕνα	μίαν	ἕν								
	2	τίνος	τίνος	τινός	τινός	παντός	πάσης	παντός	πολλοῦ	πολλῆς	πολλοῦ	μεγάλου	μεγάλης	μεγάλου	ἑνός	μιᾶς	ἑνός								
	3	τίνι	τίνι	τινί	τινί	παντί	πάσῃ	παντί	πολλῷ	πολλῇ	πολλῷ	μεγάλῳ	μεγάλῃ	μεγάλῳ	ἑνί	μιᾷ	ἑνί								
pl.	1	τίνες	τίνα	τινές	τινά	πάντες	πᾶσαι	πάντα	πολλοί	πολλαί	πολλά	μεγάλοι	μεγάλαι	μεγάλα				δύο	τρεῖς	τρία	τέσσαρες	τέσσαρα			
	4	τίνας	τίνα	τινάς	τινά	πάντας	πάσας	πάντα	πολλούς	πολλάς	πολλά	μεγάλους	μεγάλας	μεγάλα				δύο	τρεῖς	τρία	τέσσαρας	τέσσαρα	ἀλλήλους	ἀλλήλας	ἄλληλα
	2	τίνων	τίνων	τινῶν	τινῶν	πάντων	πασῶν	πάντων	πολλῶν	πολλῶν	πολλῶν	μεγάλων	μεγάλων	μεγάλων				δύο	τριῶν	τριῶν	τεσσάρων		ἀλλήλων	ἀλλήλων	ἀλλήλων
	3	τίσι(ν)	τίσι(ν)	τισί(ν)	τισί(ν)	πᾶσι(ν)	πάσαις	πᾶσι(ν)	πολλοῖς	πολλαῖς	πολλοῖς	μεγάλοις	μεγάλαις	μεγάλοις				δυσί(ν)	τρισί(ν)	τρισί(ν)	τέσσαρσι(ν)		ἀλλήλοις	ἀλλήλαις	ἀλλήλοις

수	격	ptc.(분사)																					
		Type1(pres.fut.2aor. act)			Type2(1aor. act)			Type3(1aor. pass)			Type3(2aor. pass)			Type4(perf. act)			Type5(aor.제외한 mid./pass.)			εἰμί의 pres.			
		m.	f.	n.	m.	f.	n.	m.	f.	n.	m.	f.	n.	m.	f.	n.	m.	f.	n.	m.	f.	n.	
sg.	1	ων	ουσα	ον	σας	σασα	σαν	θείς	θεῖσα	θέν	είς	εἶσα	έν	-ε-κώς	-ε-κυῖα	-ε-κός	μενος	μένη	μενον	ὤν	οὖσα	ὄν	
	4	οντα	ουσαν	ον	σαντα	σασαν	σαν	θέντα	θεῖσαν	θέν	έντα	εἶσαν	έν	-ε-κότα	-ε-κυῖαν	-ε-κός	μενον	μένην	μενον	ὄντα	οὖσαν	ὄν	
	2	οντος	ούσης	οντος	σαντος	σάσης	σαντος	θέντος	θείσης	θέντος	έντος	είσης	έντος	-ε-κότος	-ε-κυίας	-ε-κότος	μένου	μένης	μένου	ὄντος	οὔσης	ὄντος	
	3	οντι	ούσῃ	οντι	σαντι	σάσῃ	σαντι	θέντι	θείσῃ	θέντι	έντι	είσῃ	έντι	-ε-κότι	-ε-κυίᾳ	-ε-κότι	μένῳ	μένῃ	μένῳ	ὄντι	οὔσῃ	ὄντι	
pl.	1	οντες	ουσαι	οντα	σαντες	σασαι	σαντα	θέντες	θεῖσαι	θέντα	έντες	εἶσαι	έντα	-ε-κότες	-ε-κυῖαι	-ε-κότα	μενοι	μεναι	μενα	ὄντες	οὖσαι	ὄντα	
	4	οντας	ούσας	οντα	σαντας	σάσας	σαντα	θέντας	θείσας	θέντα	έντας	είσας	έντα	-ε-κότας	-ε-κυίας	-ε-κότα	μένους	μένας	μενα	ὄντας	οὔσας	ὄντα	
	2	όντων	ουσῶν	όντων	σάντων	σασῶν	σάντων	θέντων	θεισῶν	θέντων	έντων	εισῶν	έντων	-ε-κότων	-ε-κυιῶν	-ε-κότων	μένων	μένων	μένων	ὄντων	οὐσῶν	ὄντων	
	3	ουσι(ν)	ούσαις	ουσι(ν)	σασι(ν)	σάσαις	σασαι(ν)	θεῖσι(ν)	θείσαις	θεῖσι(ν)	εἶσι(ν)	είσαις	εἶσι(ν)	-ε-κόσι(ν)	-ε-κυίαις	-ε-κόσι(ν)	μένοις	μέναις	μένοις	οὖσι(ν)	οὔσαις	οὖσι(ν)	

인칭 변화

수	인칭	-ω 동사 ind.(직설법)														단축동사			유음 aor: σ 생략		εἰμί동사				
		pres.		fut.			perf.		impf.		aor.			p.p.		pres.act.ind.			fut.(σ가 ε로)		ind.			subj.	opt.
		act.	mi./ps.	act.	mid.	pass.	act.	mi./ps.	act.	mi./ps.	act.	mid.	pass.	act.	mi./ps.				act.	mid.	pres.	impf.	fut.		
sg.	1	ω	ομαι	σω	σομαι	θήσομαι	-έ-κα	-έ-μαι	ἔ-ον	ἐ-όμην	ἔ-σα	ἐ-σάμην	ἐ-θην	ἐ-ε-κειν	ἐ-ε-μην	ῶ	ῶ	ῶ	ῶ	οῦμαι	εἰμί	ἤμην	ἔσομαι	ὦ	εἴην
	2	εις	ῃ	σεις	σῃ	θήσῃ	-έ-κας	-έ-σαι	ἔ-ες	ἐ-ου	ἔ-σας	ἐ-σω	ἐ-θης	ἐ-ε-κεις	ἐ-ε-σο	ᾷς	εῖς	οῖς	εῖς	ῇ	εἶ	ἦς	ἔσῃ	ᾖς	εἴης
	3	ει	εται	σει	σεται	θήσεται	-έ-κε(ν)	-έ-ται	ἔ-ε(ν)	ἐ-ετο	ἔ-σε(ν)	ἐ-σατο	ἐ-θη	ἐ-ε-κει	ἐ-ε-το	ᾷ	εῖ	οῖ	εῖ	εῖται	ἐστί(ν)	ἦν	ἔσται	ᾖ	εἴη
pl.	1	ομεν	όμεθα	σομεν	σόμεθα	θησόμεθα	-ε-καμεν	-ε-μεθα	ἐ-ομεν	ἐ-όμεθα	ἐ-σαμεν	ἐ-σάμεθα	ἐ-θημεν	ἐ-ε-κειμεν	ἐ-ε-μεθα	ῶμεν	οῦμεν	οῦμεν	οῦμεν	ούμεθα	ἐσμέν	ἦμεν	ἐσόμεθα	ὦμεν	εἴημεν
	2	ετε	εσθε	σετε	σεσθε	θήσεσθε	-ε-κατε	-έ-σθε	ἐ-ετε	ἐ-εσθε	ἐ-σατε	ἐ-σασθε	ἐ-θητε	ἐ-ε-κειτε	ἐ-ε-σθε	ᾶτε	εῖτε	οῦτε	εῖτε	εῖσθε	ἐστέ	ἦτε	ἔσεσθε	ἦτε	εἴητε
	3	ουσι(ν)	ονται	σουσι(ν)	σονται	θήσονται	-ε-καν	-έ-νται	ἔ-ον	ἐ-οντο	ἔ-σαν	ἐ-σαντο	ἐ-θησαν	ἐ-ε-κεισαν	ἐ-ε-ντο	ῶσι(ν)	οῦσι(ν)	οῦσι(ν)	οῦσι(ν)	οῦνται	εἰσί(ν)	ἦσαν	ἔσονται	ὦσι(ν)	εἴησαν

수	인칭	subj.(가정법)							
		pres.		1.aor.			2.aor.		
		act.	mi./ps.	act.	mid.	pass.	act.	mid.	pass.
sg.	1.	ω	ωμαι	σω	σωμαι	θῶ	ω	ωμαι	θῶ
	2.	ῃς	ῃ	σῃς	σῃ	θῇς	ῃς	ῃ	θῇς
	3.	ῃ	ηται	σῃ	σηται	θῇ	ῃ	ηται	θῇ
pl.	1.	ωμεν	ώμεθα	σωμεν	σώμεθα	θῶμεν	ωμεν	ώμεθα	θῶμεν
	2.	ητε	ησθε	σητε	σησθε	θῆτε	ητε	ησθε	θῆτε
	3.	ωσι(ν)	ωνται	σωσι(ν)	σωνται	θῶσι(ν)	ωσι(ν)	ωνται	θῶσι(ν)

인칭	수	impr.(명령법)								
		pres.		1.aor.			2.aor.			εἰμί
		act.	mi./ps.	act.	mid.	pass.	act.	mid.	pass.	pres.
2.	sg.	ε	ου	σον	σαι	θητι	ε	οῦ	θηθι	ἴσθι
	pl.	ετε	εσθε	σατε	σασθε	θητε	ετε	εσθε	θητε	ἔστε
3	sg.	ετω	έσθω	σάτω	σάσθω	θήτω	έτω	έσθω	θήτω	ἔστω
	pl.	ετωσαν	έσθωσαν	σάτωσαν	σάσθωσαν	θήτωσαν	έτωσαν	έσθωσαν	θήτωσαν	ἔστωσαν

inf.(부정사)			
태 / 시제	act.	mid.	pass.
pres.	ειν	εσθαι	εσθαι
fut.	σειν	σεσθαι	θήσεσθαι
aor.	σαι	σασθαι	θῆναι
p.p.	-ε-κέναι	-ε-σθαι	-ε-σθαι
εἰμί pr.	εἶναι		
εἰμί fu.	ἔσεσθαι		